VS Booklet 1

SDGsの時代における価値と経済的価値

内田浩史　堂目卓生

神戸大学出版会

本書は、神戸大学バリュースクール（V. School）が定期的に開催しているV. Schoolサロンの内容をまとめたものです。神戸大学V. Schoolは、研究科・学部の壁を越え、様々な専門分野の教員や学生が一緒になって、新しい価値を生み出す活動や講義を通して学び、自らの専門分野を俯瞰的に理解するための、「思索と創造のワンダーランド」です。教わるのではなく、考え抜く場、情報ではなく、気づきを得る場、プランではなく、プロトタイプの場がV. Schoolです。

V. Schoolの最も重要な活動の1つであるV. Schoolサロンは、価値についての様々なテーマについて議論し、価値の多様性や価値の創発、設計について共に考える場です。V. Schoolサロンでは、学内外の講師による話題提供と議論を受けて、多様な価値や価値観について参加者自身が考え、議論します。

本書には、2022年7月7日と21日に開催されたV. Schoolサロン「SDGsの時代における価値と経済的価値」の内容を収録しています。

SDGsの時代における価値と経済的価値

第1回

「経済学における価値」

日時：2022年7月7日（木）17:00～18:30

場所：神戸大学V.School（六甲台第2キャンパス、眺望館1階）

およびオンライン（Zoom）

イントロダクション

7月の神戸大学V.Schoolサロンを始めたいと思います。私は、今月のサロンの取りまとめを担当しています、経営学研究科およびV.School所属の内田浩史です。よろしくお願いいたします。今月のサロンは経済学関連のサロンになります。経済学関連のサロンは、昨年度、一昨年度も開いてきましたので今年度で3回目になります。今年度は「ＳＤＧｓの時代における価値と経済的価値」というタイトルで、今日と再来週の2回にわたって開催します。これまでの内容を踏まえた内容になりますが、これまでに比べてブラッシュアップされています。趣も変わっているので、改めてイントロダクションから始めたいと思います。

現代社会においては、経済的価値が非常に重視されていると思われる出来事がたくさん起こっています。たとえば「巨大テック企業が時価総額ランキングで世界のトップに立った」とか、「日本企業はランク外に転落してしまった」という話をよく聞きます。新型コロナウィルス関連でも、ワクチンを供給した新興企業やバイオベンチャーの企業価値が大変な大きさになっていると報じられています。

その反面、経済的価値だけでよいのかという話も出てきていると思います。企業は株主のことだけ考えていてよいのか、従業員や社会や環境など、もっと幅広いステークホルダーのことを考えるべきではないか、というように、「ステークホルダー資本主義」と呼ばれるものが叫ばれています。世界のトップの経営者会議でも取り上げられるようになっているのです。また、新型コロナウィルスで医療体制が逼迫し、医療崩壊を防ぐために緊急事態宣言を発令したり、あるいはそれをなかなか解除できない状況において、経済的な価値を重視して、「経済活動を妨げるような緊急事態宣言はやめろ」という声とのせめぎ合いがありました。さらに大きな話として、経済的な価値を追求するだけでよいのかという考え方は国連が２０１５年に採択したSustainable Development Goals（ＳＤＧｓ）にも表れています。持続可能な社会の実現を目指す上で解決すべき世界的課題として、ＳＤＧｓには17の目標が定められています（図1）。こうした目標はどれも、経済的価値の追求に対して疑問を投げかけていると思います。経済価値が偏重されていることへの警鐘といってよいかもしれません。

そうしたことを踏まえて、このサロンの問題意識としては次のことを考えています。まず、経済的価値とはそもそもどういうものかということです。ＳＤＧｓなどで示されている価値とどう違うのか、これからの社会においてどのような価値が重要と考えられているのか、あるい

図1　SDGs

は考えるべきなのか、その中で経済的価値をどう考えていけばよいのか、あるいは、さまざまな価値の追求をどうバランスを持って進めるべきか、といったことです。

こうした問題に直接答えを出せればよいのですが、直接ではないかもしれないけれども経済学の立場から考えてみようということで、このサロンでは2回にわたって経済学の観点からこれらの問題に関して検討してみたいと思います。経済学は、経済的価値を直接扱ってきた分野ですから、重要な示唆を得ることができるのではないかと思います。

サロンの進め方ですが、これは2回とも共通ですけれども、2人の登壇者が話をして、議論する形にしたいと思います。その登壇者を紹介します。まずお一人目は堂目卓生先生です。堂目先生は、大阪大学大学院経済学研究科の教授でいらっしゃいます。ご専門は経済学史であり、経済学のさまざまな考え方の歴史を研究されています。もう1つ大事なことは、大阪大学の社会ソリューションイニシアティブ（ＳＳＩ）の代表をされていることです。ＳＳＩは未来社会を構想するシンクタンクであり、これまでにないような組織だと思いますが、こういうところにも関わっておられます。

そして、もう1人が私、内田浩史になります。私は神戸大学大学院経営学研究科に所属しており、専門は応用経済学です。経済学を現実に応用して世の中の分析をしたり、政策の提言を行ったりする分野であり、私は金融分野を専門として研究を進めています。実は私も、神戸大学のV.Schoolに副部門長として関わっているという点で、普通の経済学者とちょっと違うところがあります。V.Schoolは自分たちで「思索と創造のワンダーランド」と呼んでいますが、世の中に必要な新しい価値を考えていくために、神戸大学のいろいろな部局の先生が専門分野を超えて集まってきて、議論して、それを自分たちの専門分野に返すということを行う組織です。

こうした、それぞれちょっと変わった組織に経済学者が2人いて、このようなV.Schoolという組織の変わったイベントにいるというわけですが、そういう者、つまり経済学を十分理解しつつ、同時に経済学を超えた視点から経済学を考えている者の立場から見て、経済学は最初に出てきたような問題に対して何ができるのかを考えてみたい、というのが、このサロンの趣旨になります。

2回のサロンの構成についてですが、まず今日の1回目においては、経済学では価値をどう捉えているか、ということを中心に話し合ってみたいと思います。経済学がそもそも経済や社会をどう捉えており、その中で扱っている価値とはどのようなものか、ということをお話しします。

今日は3部構成になっています。最初に私から、現在標準的とされている経済学、パラダイムといってよいと思いますが、制度化されて確立された経済学において、経済や社会や価値がどのように捉えられているか、ということを、応用経済学を扱っている立場の者からご紹介します。もう少し具体的にいうと、経済学ではどのような価値が扱われているか、あるいはその価値を使ってどのような価値判断をするのか、ということを、まず私からお話しします。

続いて堂目先生から、より長い目、広い目で、今の経済学に囚われずに、もっと広い意味での経済学という視点から見て、そこで捉えられる経済、社会、価値についてお話しします。その中では、今の経済学がなぜこのような経済学になったのかというお話や、今の経済学では捉えられなくなっている価値、過去の経済学あるいは主流ではない経済学が捉えるような価値のお話もします。以上を踏まえて全体でディスカッションすることになります。

次回のテーマも先にいっておきますと、社会課題に対して経済学はどうアプローチできるかということになります。このテーマがどちらかというと、今月の2回連続のサロンの本題になります。

今日は、そのための準備として、価値、特に経済的価値の整理をしておく、という建付けになっています。

最後に注意事項です。今回あるいは次回お話しする内容の中には、経済学を批判する部分も少し出てきます。ただ、われわれはそこを重視したいわけではありません。2人とも、経済学は非常に重要で潜在能力があると思っています。しかし他方で、できないこともある、ということも理解しているわけです。これは私の捉え方ですけれども、どこまで経済学でできるか、どこから経済学は限界に突き当たるのか、という話をするのだと思っていただければと思います。私からすると、経済学の弱点というか、守備範囲を明らかにすることによって、他の分野とどういった形で協働していけるのかを考えられるのではないかと思っています。

それから、私も堂目先生も特定の分野の研究者です。われわれの分野は経済学の中でも社会課題を直接扱う分野ではありません。たとえば環境経済学や厚生経済学、公共経済学、財政学あたりは社会課題に直接取り組むような分野ですが、こうした分野の話は今回の議論では扱いません。特に私からお話しするのは標準的な経済学ということで、現在システムとして体系化されているような、カリキュラムも決まっていて、履修科目も決まっていて、経済学者だったら誰でも知っている、誰でも基礎に持っていなければならないような内容、理論、道具立てに関して紹介します。詳しいところはぜひ経済学をちゃんと勉強していただきたいと思っています。

また、これもいうまでもないかもしれませんけれども、社会課題というものはそもそも答えが簡単に得られるものではないので、特定の結論を求めるのではなく、われわれ自身もそうですけれども、参加してくださっている方に何らかの形で意味や学びがあればよいなと思っています。

1 現在の標準的な経済学が捉える経済・社会と価値

内田 浩史

1 経済学における価値の捉え方

まず私（内田）から、今の経済学が社会あるいは経済、そして価値をどう捉えているか、という話をしたいと思います。ここからは経済学の基礎の話になります。もっと詳しく知りたい方は、神取道宏先生やハル・ヴァリアンなどのミクロ経済学の教科書をご覧ください。

図2は、経済学が世の中をどう見ているかをまとめたものです。世の中にいる人たちが社会において、どのように経済活動を行っているのかを考えるのが経済学で、またその活動に問題があればどう改善していけばよいかということも考えます。経済学には主な登場人物として2つの部門があると考

えるとよいでしょう。家計部門（図左側）と企業部門（右側）の2つで、これらの関係を理解できれば基本がわかります。

1―1　家計部門と価値

家計部門とは一体何かというと、われわれのような人たちです。働いて所得を得ていて、そのお金を使ってモノを買う人だと思ってください。これを消費行動といいますが、こうした人たちがモノやサービスを需要するわけです。それに対して、モノやサービスを誰が提供するかというと、それが企業部門です。企業はモノやサービスを生産します。つまり、作って売る人です。需要と供給が市場（図中央）で出会ってつり合い、バランスを取ってちょうどよいところに決まることで、作った分が買われて使われることになります。

これをもう少し細かく考えてみましょう。経済学は記号を使って表現をしていくので、まず家計部門の消費（consumption）をcという記号で表しましょう。cは10個とか1リットルとか、モノを買ったり使ったりした量だと思ってください。そして、効用をutilityのUで表します。人が消費から感じる嬉しさであるUは、

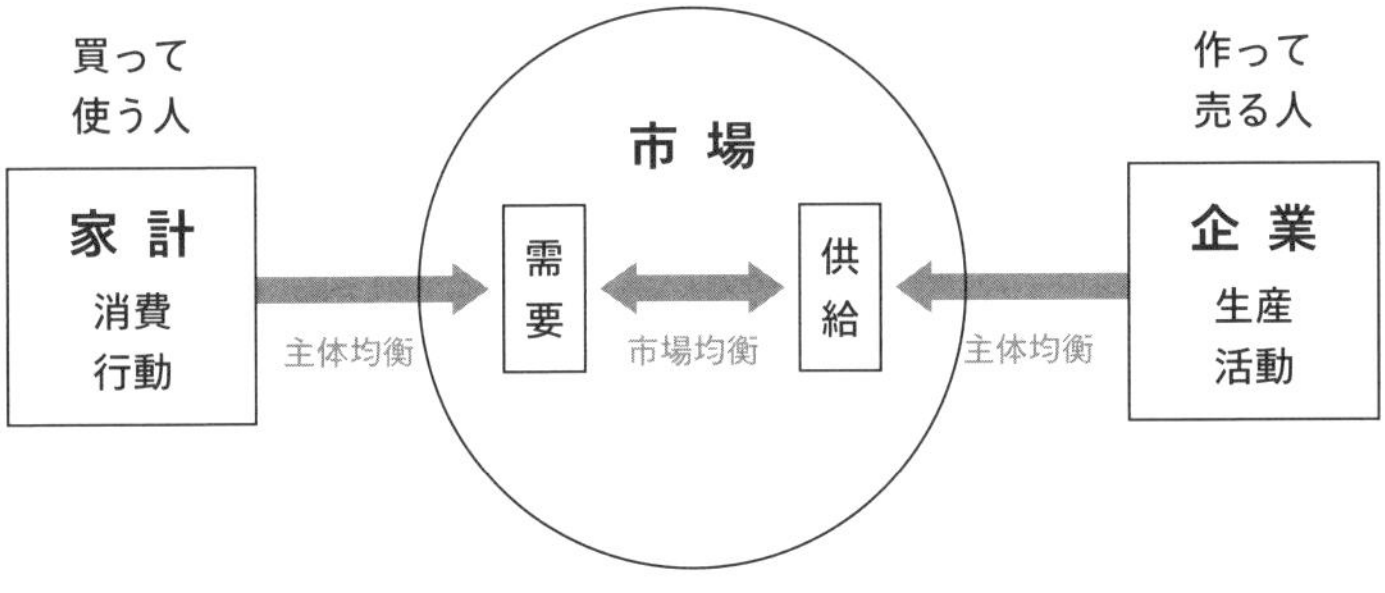

図2　経済学が捉える経済社会

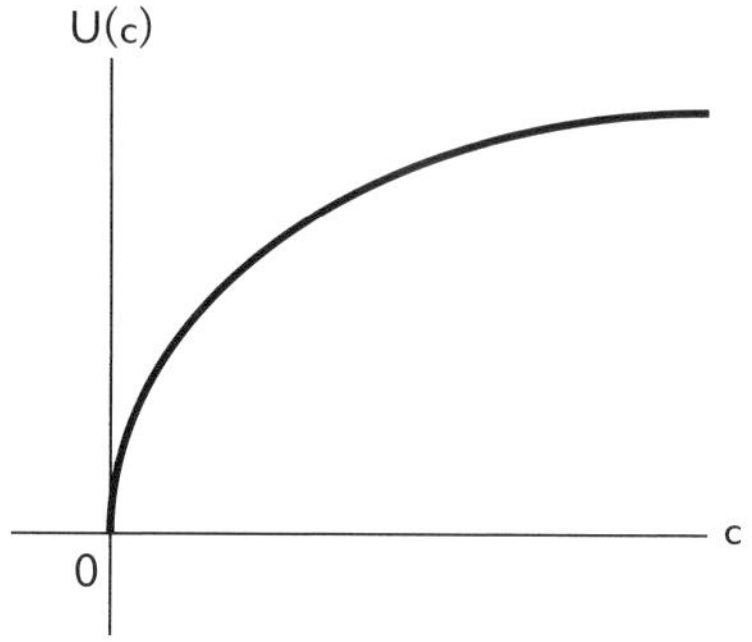

図3　個人にとっての価値（消費からの効用）

cの大きさによって決まります。これを表したのが、U(c)という関数（cとUの関係式）です。図で書けば図3のように、消費が大きいほど効用は大きくなると考えます。この効用が、経済学で取り扱われる価値の最も基本となるものです。消費することによる価値という意味で、使用価値と呼ばれるものを表したものともいえます。

ここで、家計は効用を最大にするように経済活動をする、と考えます。少し数学的な表現になりますが、効用の最大化は次のように考えます。まず、cには値段p（price）が付いていて、所得I（income）の範囲内で買わないといけません。その中でできるだけ嬉しさを大きくしようと行動するわけで、こうして、pの大きさに応じた、効用を最大にするcの量が決まります。数学的に表すと、

$$\max \ U(c)$$
$$\text{s.t.} \ pc \leqq I$$

となります。[1] この問題を解く際に、所得が一定の値に決まっている場合を考えれば、買える額、消費できる額は値段だけに影響されますから、値段によって消費が決まるという関係が出てきます。この

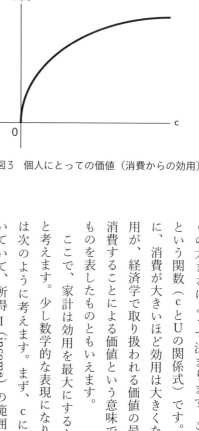

関係は、数学的には次のような関数

$$c=f(p|I)$$

によって表されます。[2] この式はcがpによって決まるという式ですが、同じ関係をpのほうから見ると、ある消費cが選ばれるようなpを表す式、として、数学でいう逆関数で表される式

$$p=f^{-1}(c|I)$$

となります。[3] この式があらわすpとcの関係が、需要関数と呼ばれるものです。一般的な感覚からすると、需要、つまり消費したい額は、値段が高いほど少なく、値段が低いほど多いはずですよね。つまり、安いものほどたくさん買われることになります。このため、需要関数を図示すると、次の図4(需要曲線)のように表されるでしょう。

この関係を、少し別の角度から見てみましょう。図5は、同じ需要曲線ですが、縦に細かく切って

1 Maxは最大化する、という意味であり、s.t.はsubject toの略で、制約条件を表します。

2 この式で、fは関係があること、つまり関数を表す記号であり、|(棒)はそのあとに示されたもの(ここでは所得I)が与えられた状況で考える、ということを表しています。

3 この式の−1は関数fの逆関数であることを表しています。

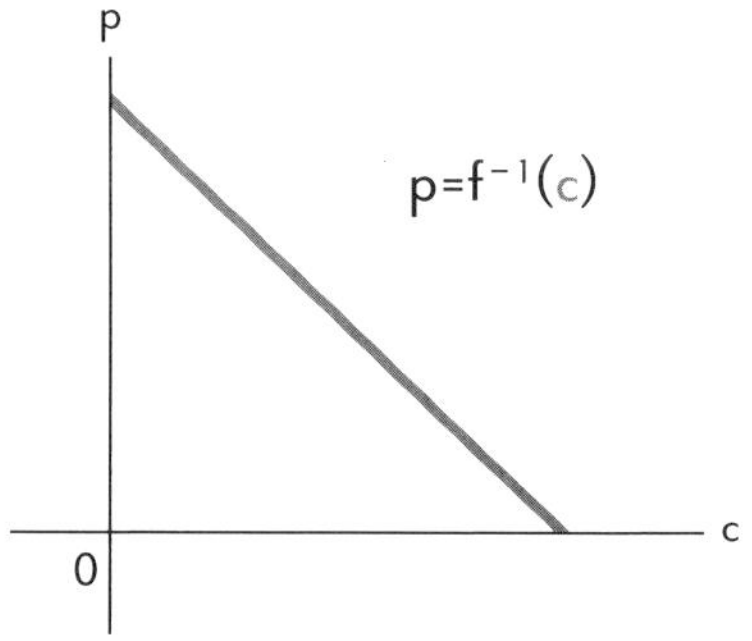

図4　需要曲線

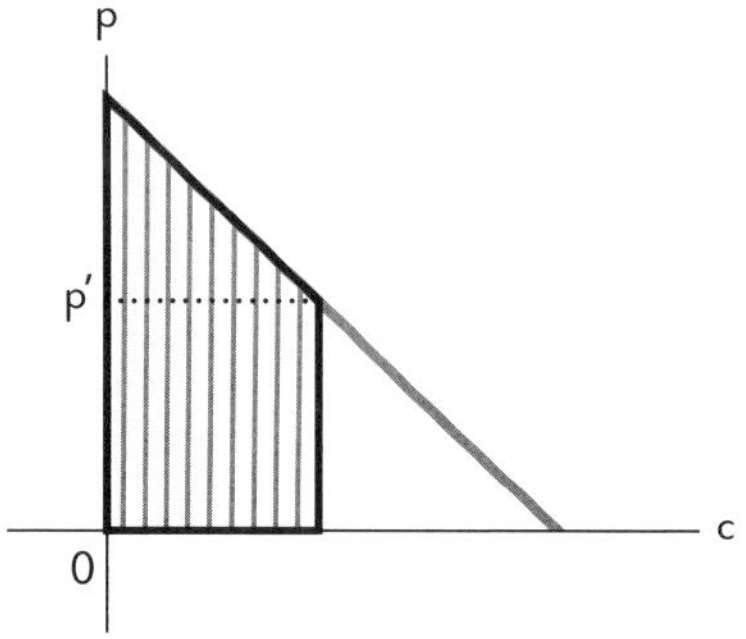

図5　支払意思額（willingness to pay）

あります。これを左から見ていくと、1番左の棒は、その上端にあたる高い値段がついていた場合であっても、買いたいと思う人が少しいる、と考えることができます。その隣の棒は、少し値段が下げれば買いたいと思う人が少し増える、と考えることができます。このようにしてどんどん右に行くと、値段が安くなればなるほど払ってよい、買う、という人が増えてきます。それが合わさったものが需要だ、という考え方ができるわけです。この縦棒の長さは、払ってもよい額、という意味で、支払意思額（英語でwillingness to pay）といったりもします。このwillingness to payも価値の1つの表現だと思います。

以上は、誰か1人の人を考えて、その人が何かを買って、うれしいかどうかという話ですが、複数の人がいる場合には、その人たちにとっての価値を集計したような価値を考えることもあります。それが、社会的厚生関数というものです。たとえば i という記号を使い、i=1とかi=2とかで個人の一人ひとりを表し、全員ではN人いるものとしましょう（i=1,…,N）。この場合に、i人目の人にとっての消費を、下付き文字を使って c_i とし、効用を $U_i(c_i)$ としましょう。すると、社会的厚生関数は$U_1(c_1)$から$U_N(c_N)$の大きさによって決まります。この関係を、$U(U_1(c_1), \dots, U_N(c_N))$と表すことにしましょう。すると、たとえば個人の効用の単純合計である

$$\sum_{i=1}^{N} U_i(c_i) = U_1(c_1) + U_2(c_2) + \cdots + U_N(c_N)$$

とか、誰の効用を特に重視するかを表すために、一人ひとりの効用の重みω_i（たとえば0・3とか1・5とか）を考慮して合計した

$$\sum_{i=1}^{N} \omega_i U_i(c_i) = \omega_1 U_1(c_1) + \omega_2 U_2(c_2) + \cdots + \omega_N U_N(c_N)$$

といった形で社会的厚生関数を考えることができます。[4] ただし、どのような社会的厚生関数を使うべきか、という点に関しては深い議論がありますのでここでは立ち入らず、個人の価値を社会の価値に変換する方法はいろいろあるということだけ触れておきたいと思います。

4 これら式の$\sum_{i=1}^{N}$は、その右側に示されたもの（$U_i(c_i)$や$\omega_i U_i(c_i)$）を1番目（i=1）の人からN番目（i=N）の人まで、すべて合計することを表しています。

1―2　企業部門と価値

次は企業部門、作る側の話です。企業についてはyという記号を考えることにしましょう。yとは生産のことで、モノやサービスを作った量です。記号としては生産（production）のpではなくyを使います。企業がyを作ると、pという値段が付いて売れます。企業の収入はpyとなりますから、yが多いほど収入は増えます（図6）。

その代わり、yが大きいとコストもかかります。人を雇わないといけなかったり、材料が必要だったりするのでコストが増えるわけです。この費用（cost）を表すのが費用関数C(y)です（図7）。収入と費用の引き算をしたものが、企業の儲け、つまり利潤で、式では$\pi(y) = py - C(y)$となります。図8のように、収入（上の直線）と費用（下の曲線）の縦方向の差（矢印）が利潤を表します。この利潤が企業が生み出す価値を表すわけです。付加価値といったりもします。利潤も、経済学で出てくる重要な価値の1つです。

企業はこの利潤ができるだけ大きくなるように行動します。これも経済学の中では数学の問題として解くのですが、図8の

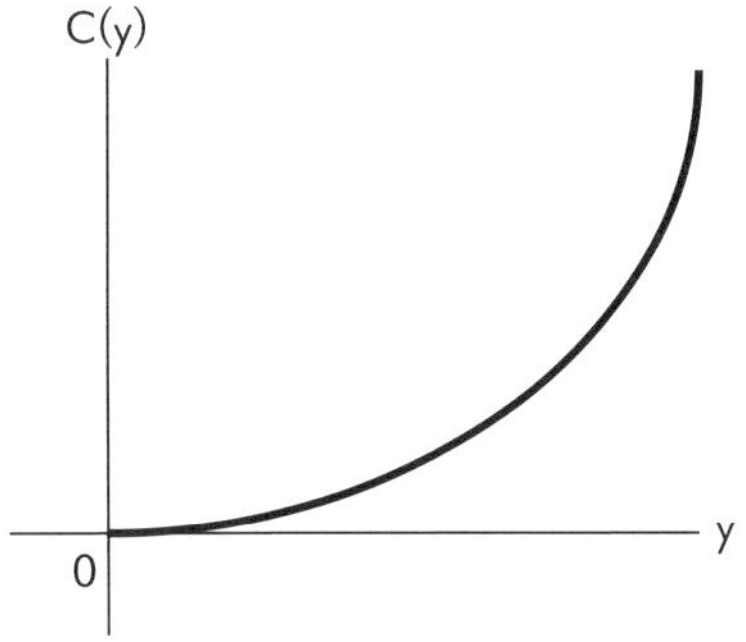

図7　企業の費用関数

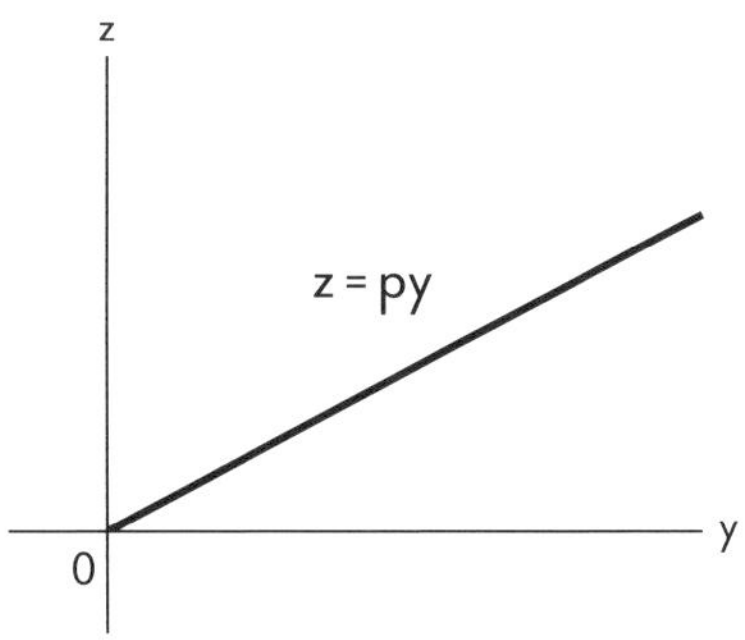

図6　企業の収入

上の線と下の線の差が1番大きくなるようなyを探すことになります。そのために登場するのが限界費用（marginal cost）という概念です。限界費用は費用関数を微分したもので、図でいうと費用関数の各点における接線の傾きで表されます（図9の矢印）。記号としては、MC(y)と表します。この傾きが収入pyの傾き——これは価格pになります——と等しいとき、つまりp＝MC(y)のときに、利潤は最大になります。p＝MC(y)という関係は、企業が値段が高いほどたくさん売りたい、値段が低いほどあまり売りたくないという関係を表します。これが、別名供給関数と呼ばれる関係（図10）にほかなりません。

関連する別の価値についても触れておきましょう。経済学では、比較静学というものを行います。

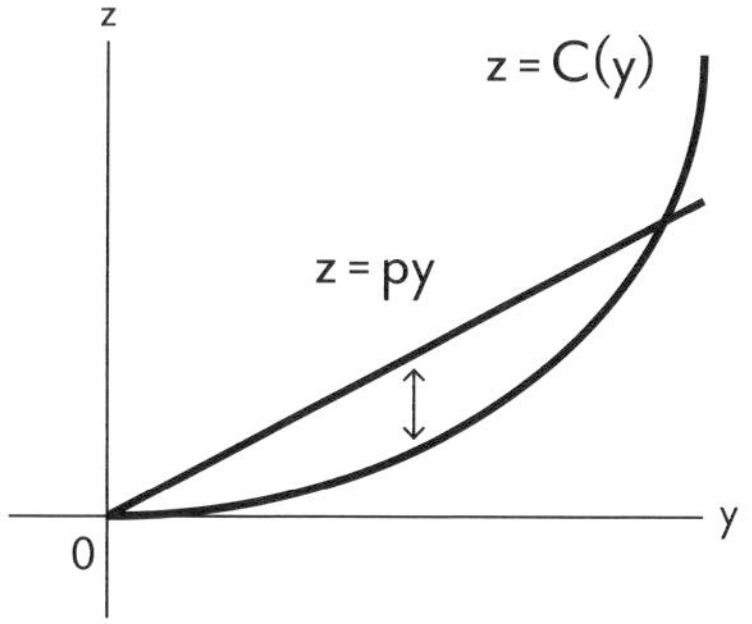

図8　企業の利潤

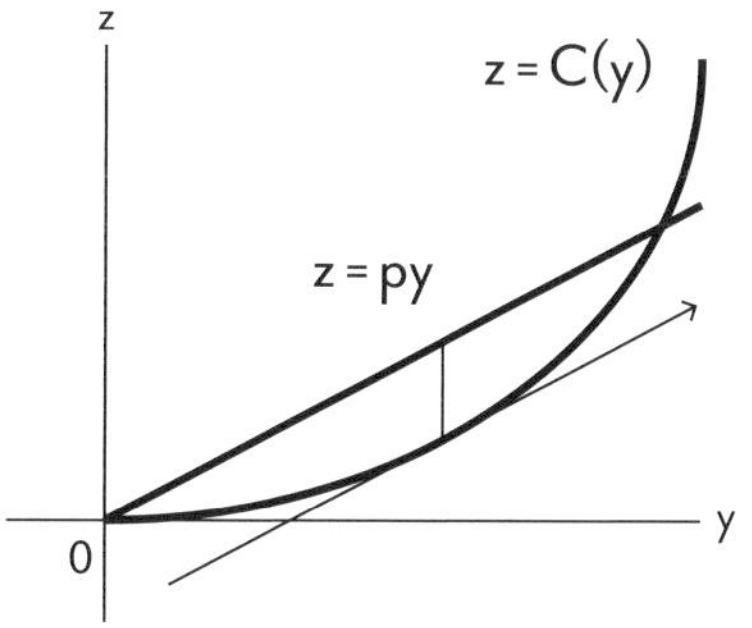

図9　限界費用と利潤最大化

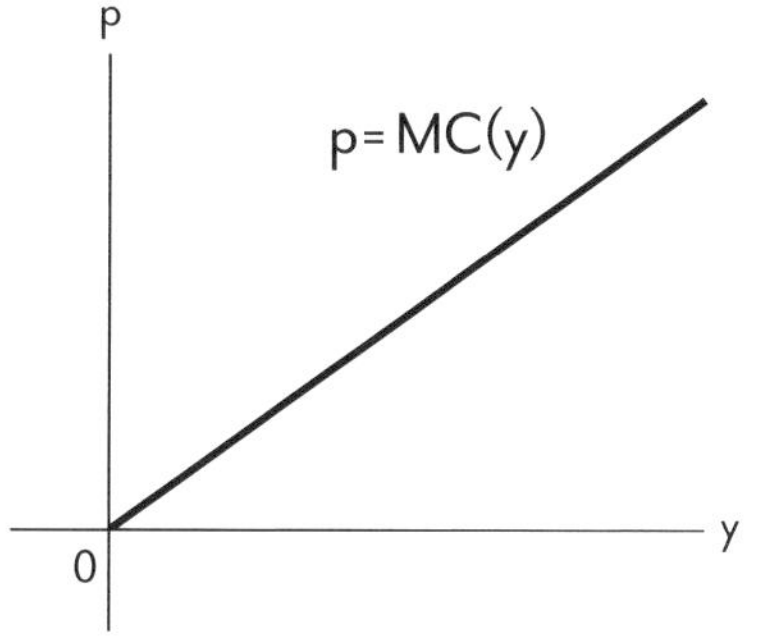

図10　供給曲線

これは、今のようなストーリーの中で、どこかを少し変えると全体の結果がどう変わるかという話をするものです。たとえば費用関数に関して、同じyを作るために必要な費用が下がったとしましょう。つまり、図11のように、もともと$C^1(y)$という費用だったのが、$C^2(y)$に下がったものとしましょう。そうすると供給関数も変化します（図12）。同じpでももう少したくさん作ろう、となりました。これは、費用を安くできたので、もっとたくさん作ったほうが儲かるからです。この変化は、費用が下がったことによって無駄が減り、もっとたくさん作れて儲かるようになったことを意味しています。このように、費用が安くすんで無駄が減ることを、経済学では、効率性が改善した、といいます。費用や資源の節約自体が価値とされることもあり、その場合にはこうした費用や資源利用の効率性自体が価値を表すことになります。

1―3　均衡状態と価値

ここまで買い手（消費者）と売り手（生産者）の話をしてきましたが、これらが合わさって経済活動のレベルが決まります。

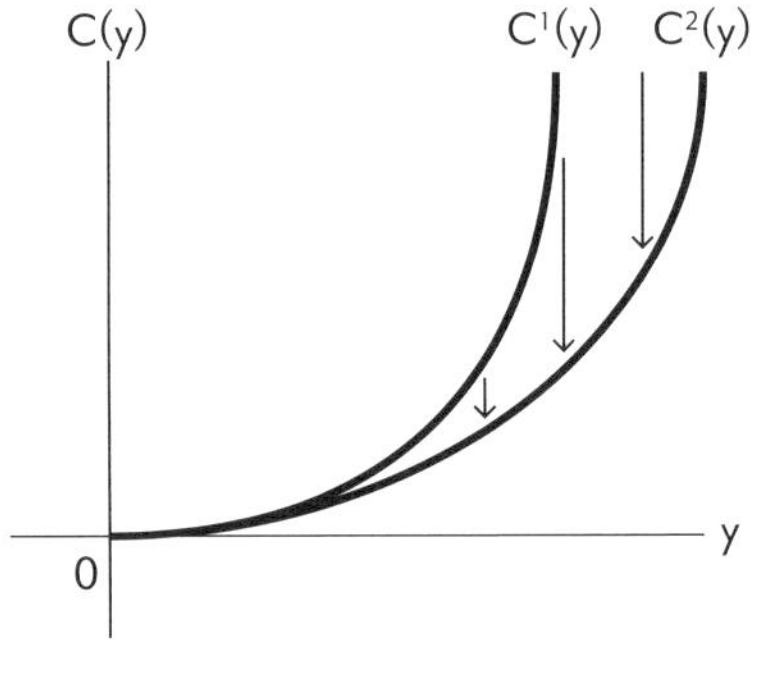

図11　費用の減少

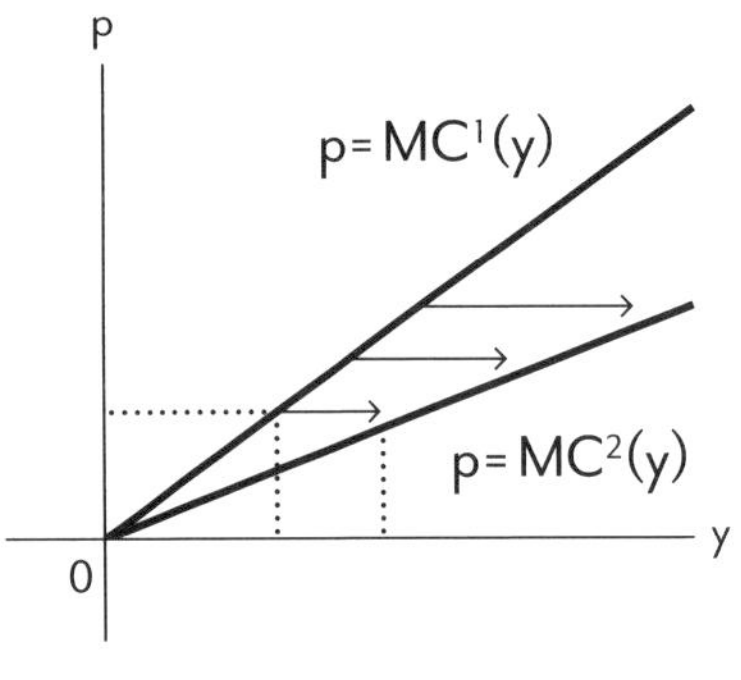

図12　供給関数の変化

消費する量cと作られた量yは、経済全体では一致するはずなので、$c=y$となります。この状態は、需要曲線$p=f^{-1}(c)$と供給曲線$p=MC(y)$が交わるところで値段と量が決まっている状態（図13）として表され、つり合いの取れた状況という意味で均衡状態といわれます。均衡における値段（図のp^*）は、それ自体が買ってくれる人にとっての売るものの価値を表していて、均衡価格といいます。需要と供給のバランスが取られたときの価格pです。この価格が市場価値と呼ばれるものに他なりません。

　均衡状態に関しても比較静学、つまりどこかを変えた時に均衡がどう変わるかを考えることができます。たとえばモノを作る量が何かの原因で減ったとします。外国から買う材料の値段が上がったり、エネルギーコストが上がったりするケースですが、そうして供給が減ると（図14の右側の矢印）、需要が変わらないとしたら値段が上がるわけです（左側の矢印）。このことは、供給が少なくなると市場価値が高まることを表しています。このメカニズムを使うと、たとえば今の燃料費高騰を説明することができて、その影響が経済全体に広がることで、いわゆるコストプッシュ型インフレといわれる物価高騰も説明できるわけです。

　でも、値段が上がるのは需要が増えるからかもしれません

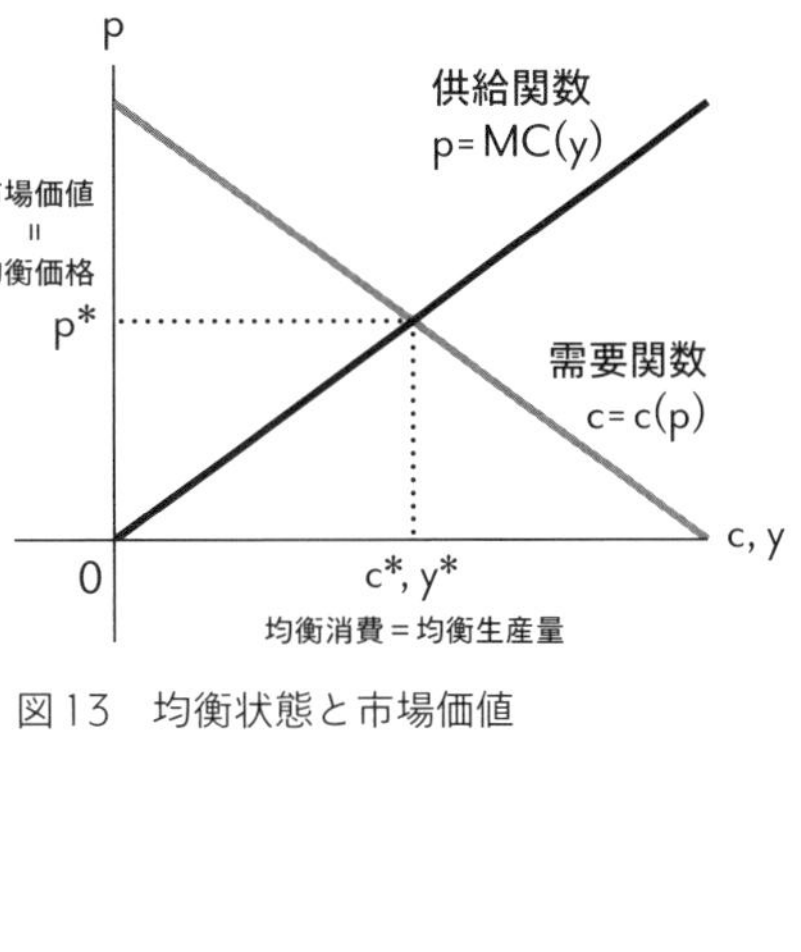

図13　均衡状態と市場価値

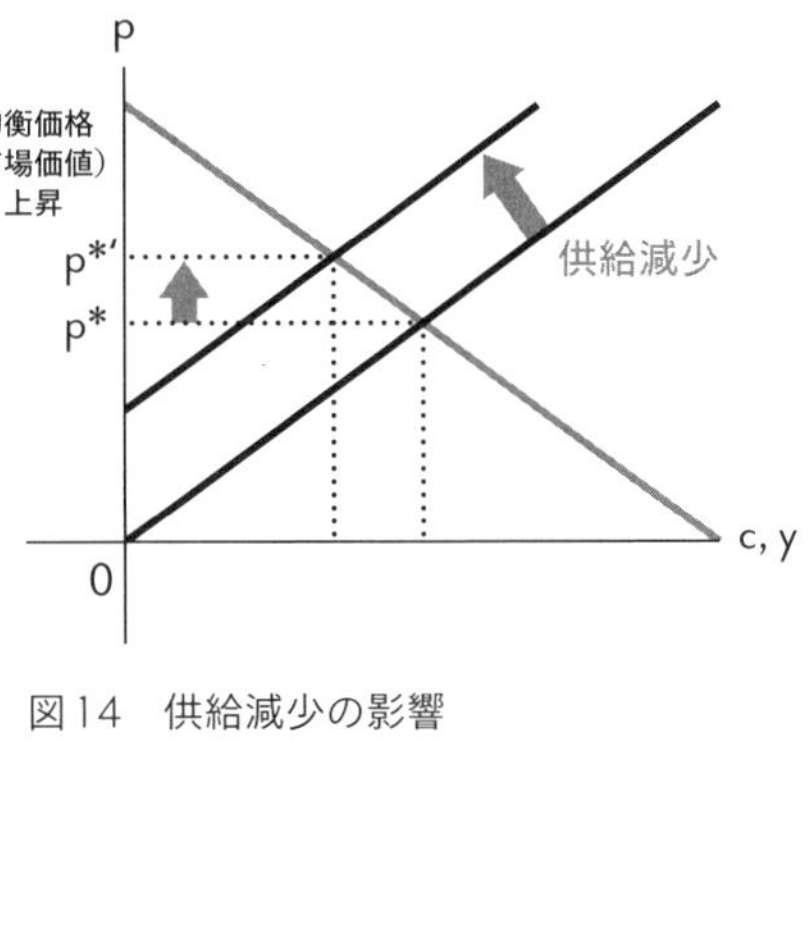

図14　供給減少の影響

（図15）。供給が変わらなくても同じpで欲しい人が増える（需要関数が右あるいは上にずれる：図右側の矢印）と値段が上がる（左側の矢印）わけです。このような形で説明できる価格上昇が広くみられる状況が、デマンドプル型のインフレといわれるものです。需要が多いほど値段が上がる、みんなが欲しがるほど値段が上がるという関係です。これらが市場価値に影響を与える変化の例です。

最後にもう1つ、今の需要と供給の関係から価値を表す別の方法があります（図16）。消費者余剰と生産者余剰と呼ばれる、需要関数・供給関数・縦軸に囲まれた三角形です。この三角形の上半分が消費者余剰、下半分が生産者余剰で、合計して総余剰と呼ばれます。上半分は何かというと、この値段ならお金を払ってもよいという先ほどのwillingness to payからきています。たとえば均衡価格より上の額を払ってもよいという人は、実際に払う価格は市場価格であり、払ってもよい額よりも低い値段しか払っていないので、この差は得しているわけですから、価値としてとらえることができます。この価値は、需要関数上で右にいくほどお得感が減っていくのですが、上の三角形は全体のお得感を面積として表して、それを消費者余剰、消費者が得した分といいます。これは消費者にとっての価値です。それに

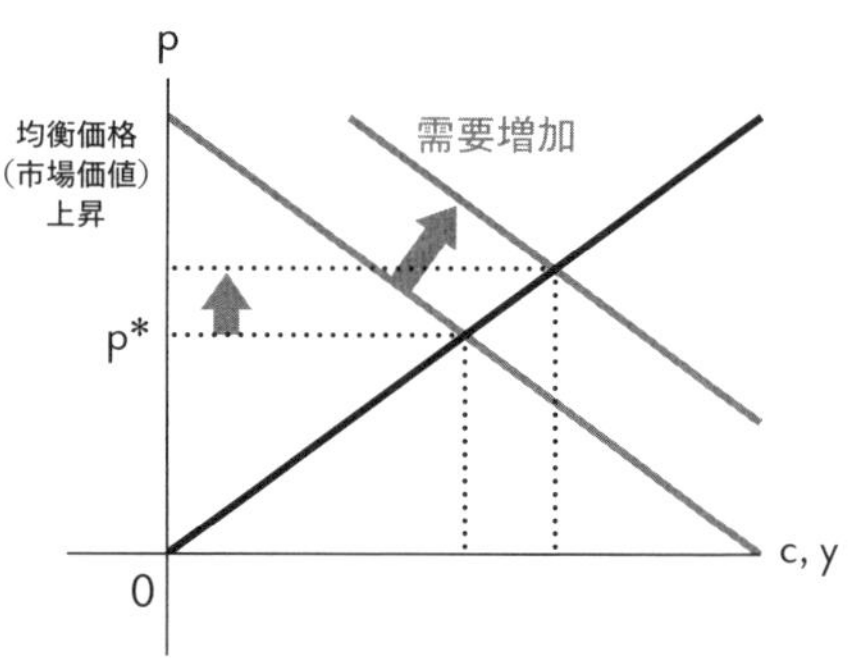

図15　需要増大の影響

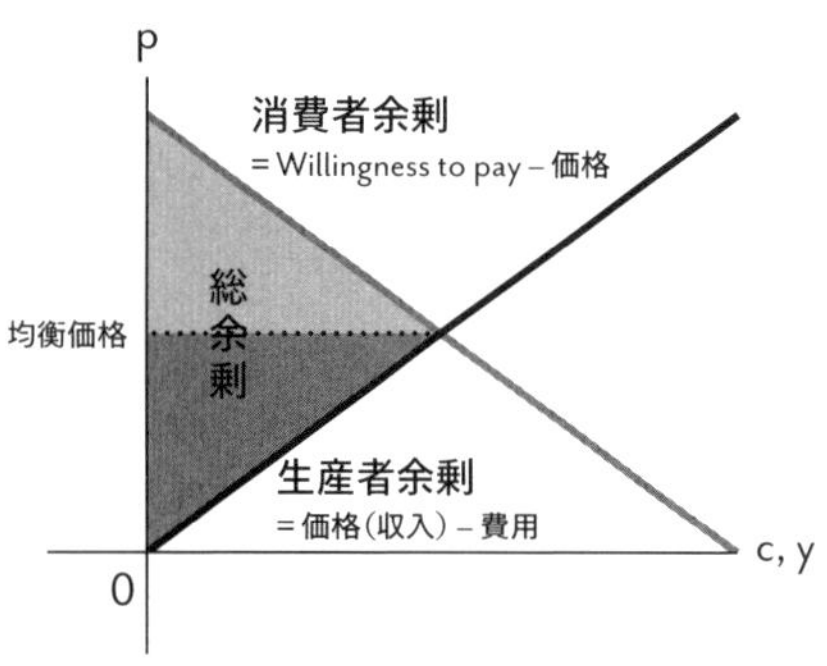

図16　余剰

対して、作る側からすれば、均衡価格で作ったものが売れるわけです。しかし、実際のコストに対応するのは供給関数の高さなので、濃いグレーの三角形の部分が企業にとっての価値になります。これを生産者余剰といいます。この2つの余剰を合わせた総余剰が大きいほど、世の中にとって望ましいのではないか、ということで、この余剰が社会的価値を表していると考えることもできます。

以上のように、経済学で出てくる価値の表し方、あるいは指標は、私の整理では大きく5つあります。1番根源となるのが消費者にとっての価値を表す「効用」です。効用をみんなが感じることで、企業は効用を感じるようなモノやサービスを作って、「利潤」として表される金銭的な価値を得ます。作るときのコストが下がれば、作るのに必要な資源が減るので、この節約自体の価値を（費用や資源利用の）「効率性」という形で表すこともあります。また、需要が増える・減る、あるいは生産が難しい・容易といったことが、均衡において決まる「価格」に影響し、これが金銭的価値である市場価値を表します。市場価値に対応して、「余剰」という表し方もでき、総余剰は社会全体での価値を表すものでした。ここまでが経済学の中で表現される価値です。

2　経済学による価値判断

以上のような形で表される価値は、何が良くて何が悪いかという価値判断の基準となります。たとえば経済学では、ある政策と別の政策のどちらがよいのかを、先ほどの5つの基準を表す指標に基づいて判断するわけです。経済学は一般的に、希少な資源を効率的に利用する方法を考える学問だといわれています。それを様々な形で表しているのが、先に述べた5つなのです。こうした経済学の価値判断基準は、全体として資源配分の効率性、と呼ばれます。

効率性は重要な価値判断基準です。SDGsのゴールを達成するためにも、なるべく効率的に資源を使って達成できるほうがよいですよね。資源というのはたとえば材料のようなものです。人や金、モノ、あるいは天然資源かもしれませんが、そうしたものは限られているので、それを誰にどう使ってもらって経済活動していくか、というのが資源配分です。配って、それがどれだけ無駄なく、良い形で経済活動に使われるか、というのが資源配分の効率性です。わかりやすくするためによく使われる表現としては、同じ材料でできるだけ大きなパイを生み出すようにすること、が効率性にあたります。これまでに出てきた価値でいうと、なるべく大きな効用を生み出すためにどう資源を使うか、なるべく大きな利潤を得るためにどう資源を使うかということになり、そうした点からどのような資源の配り方が良いかを判断するわけです。

できるだけ大きなパイを生み出すように使う、という表現の裏返しとして、同じパイを作るのであればできるだけ少ない資源を使う、という表現もあります。効率性という言葉は、こちらの考え方だけを指して使われることもあります。経済学の理論的には、これら2つは双対性という関係、つまり裏と表の関係に過ぎず、どちらか一方だけを見ていれば十分だということになっています。

3　経済活動による価値判断の限界

3―1　効用関数の表し方

　こうした基準で経済学は世の中のいろいろなことを判断していくのですが、それではこうした価値判断はどこまでうまくいくものであり、どこがうまくいかないのかを考えてみましょう。経済学で用いる基準の中でも特に重要なのは、最初に出てきた効用です。効用は、消費がたくさんであればあるほどうれしい、ということで表されます。この考え方に対しては、モノを買うとか使うところばかり見ていてよいのかという批判があり得ます。

　消費以外にも、経済学では扱われなさそうだけれども世の中では大事な価値はたくさんあります。たとえば働き甲斐や余暇、他の人のために何かすること、ボランティアなどです。また、先月のサロンの議論の中で紹介されていたものですが、世の中の人々は歴史的な価値や芸術的な価値、古いものの価値を評価したりもしています。こうしたものは、どうも経済学では扱えないのではないかという批判があり得るかもしれません。

　しかし、こうした価値を取り込むことは、経済学でもやろうと思えばできるのです（図17）。実際に、余暇というのは労働経済学では効用関数の中に、余暇時間が長いこと自体がうれしい、という形で入れたりします。子どもに残す資産が大きいほどうれしい、という効用関数を考えたりもします。これは遺産動機といったりもします。関連して、利他性という概念につながってきますが、他の人の嬉しさを自分もうれしいと感じる、という効用関数を考えることもできます。あるいは、行動経済学ではプラスの嬉しさとマイナスの嬉しさは違う、ということを考えたりもします。その他にも図17のようにいろいろなものを、半ば無理やり効用関数に入れることはできて、何でもやろうと思えばできます。嬉しさを表すものだったら何でもよいわけです。

U＝U(C, 余暇)

U＝U(C, 子の資産)

$U=U(C^{+}, C^{-})$

U＝U(伝統建築の保存)

U＝U(農村風景の維持)

U＝U(日本文化の伝承)

…

図17　様々な効用関数

ただ、経済学ではあまりやり過ぎないのです。それはなぜかというと、数学のモデルを使うので、いろいろやり過ぎると問題が解けなくなるのです。なので、いろいろなものを効用関数にどんどん取り込む、といったような大変なことはしません。これは、経済学の分析の限界というか、良くないことかもしれません。また、やりすぎない理由としては、効用関数に入れる候補として様々なものを頭で考えることはできるけれども、どこまで入れてよいのか判断がつきにくいこともあるでしょう。

もっと大事なのは、実はこういったことをやり出すと、何でも際限なく入れてよくなってしまいます。財やサービスの消費、あるいは余暇などある程度認められたものを除いて、効用関数に手を入れることは、経済学では禁じ手とされているように思います。何を入れてもよいということは、効用関数を都合の良いようにいじればあらゆる現象が説明できてしまうので、何を効用関数に入れるべきかというのは非常に大事な問いなのです。ですから、そこは慎重に考えないといけないのです。このことからわかるように、実は効用関数に何を入れるべきなのかということ自体は、経済学では答えが出せない問題です。ここに経済学の1つの限界があると思っています。

3—2 効率性・市場に関する批判と誤解

次に、効率性という価値判断基準に関する批判について考えてみましょう。先ほど効率性の話をしたときに、同じパイを生み出すためになるべく少ない資源のほうがよい、という話をしました。そうすると、経済学はコストをとにかく下げろといっているのか、安くすればそれでよいのか、という話になると思います。実際に、経済学はコストを下げることばかりいっていると考えている人も多いと思います。しかし、経済学の元々の理論はそうではありません。経済学がいっているのは、「同じ効用をもたらすのだったら」なるべく資源を使わないほうがよい、安いほうがよい、効率的なほうがよいといっているだけです。ということは、もっと大きな効用が得られるのであれば、コストは高くてもよいかもしれないわけです。こうした批判は、経済学への批判というよりは、経済学の理解が十分でないことからくる誤解という面もあると思います。

それから、経済学は市場やお金のことを考え過ぎているのではないか、という批判もあるかもしれません。市場価値（金銭的価値）や市場均衡のようなことを考えるので、市場で取引されないような、売ったり買ったりできないものの価値は、経済学では考えられないのではないかと思うかもしれません。確かにそういうところはあります。経済学は市場メカニズムや市場価値に注目することが多い学問です。ただし、経済学ではそれ以外のことを全く無視しているかというと、そうではありません。それ市場で取引されないことによってどんな問題が生まれるか、ということも経済学では考えます。それがいわゆる市場のメカニズムの欠陥、市場の失敗、と経済学でいわれるものです。この市場の失敗は、次回のサロンの最も重要な概念の1つになります。ですので、これも問題は経済学自体ではなく、その使い方の問題だと思います。市場やお金といったところだけを経済学が考えているわけではないということです。

3—3　分配の公平性

最後に、分配の公平性についても触れておく必要があるでしょう。これが1番深刻な問題かもしれません。経済学は、いかに少ない資源で大きなパイ（効用）を生み出すかということを考えるのですが、大きければそれでよいのか、誰がパイをどう分け、どう受け取るのか、といったことを考え出すと、経済学がいえることは少なくなってしまうのです。

たとえば、これまでに説明してきた経済学の価値の1つの表し方として、三角形の面積（総余剰）というのがありました（図16）。図の右下がりの線（需要関数）の高さまで払ってもよいのに、点線（市場価格）だけしか実際には払わなくて済んでいるので、上の三角形の面積だけ消費者が得している、という話（消費者余剰）と、点線（市場価格）でお金がもらえるのだけれども、実際のコストは右上がりの線（供給関数）なので、生産者は下の三角形の面積だけ得しているという話（生産者余剰）です。

しかし、現実はこうではないかもしれません。皆さんはダイナミックプライシングという言葉を聞いたことがないでしょうか。これは、値段を人や状況によって変えるということです。経済学の言葉でいうと、価格差別化、と呼ばれる理論に対応します。たとえばスーパーで、閉店間際にはお客が少ないが、売れ残ると困るので、安くして売ってしまう、というのもダイナミックプライシングの１つです。最近のテクノロジーでいえば、アメリカでウーバーのカーシェアリングに乗ろうとすると、雨の日は高かったりするのです。これは、雨の日は高い値段を出してもよいという人が多くなるので、それに合わせて値段を上げているからです。そういう人（時間）には高い値段を付けて、そうでない人（時間）にはそれなりの（安い）値段を付けることで、人によって払ってもよい額に応じて値段を変えるのがダイナミックプライシング（価格差別化）です。この場合、もしかしたら図18のように、総余剰のほとんどは生産者余剰になっているかもしれません。

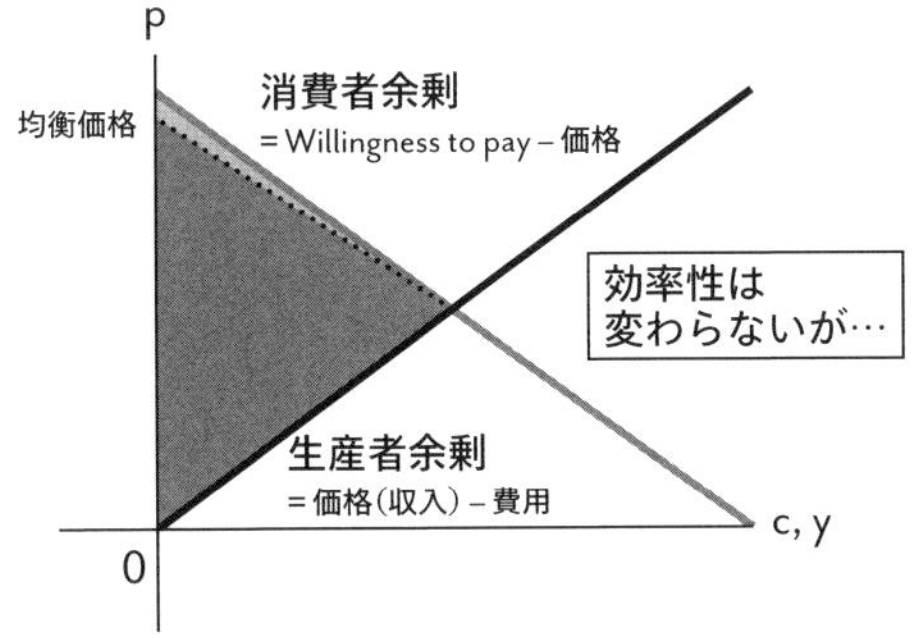

図18　ダイナミックプライシング（イメージ）

でも経済学は、図16のようになっているか、図18のようになっているかは気にしません。経済学が重視するのは総余剰の三角形の大きさであり、それを誰が分けるかという話はあまり考えません。たとえば、経済学の理論分析の数学的なモデルを作る過程でも、企業の取り分（生産者余剰）をできるだけ大きくするケースを考えても、消費者の取り分（消費者余剰）をできるだけ大きくするケースを考えても、効率性（総余剰）の観点からすると変わりないので、数学の問題としてはどちらのケースで考えても一緒、という場合があります。こうした場合はどちらかのケースを適当に仮定して問題を解くのですが、現実の問題としては、どちらになるかは大きな違いです。前者のケースは企業がパイを取りすぎている状況といってもよいかもしれません。このように、望ましい分け前のバランスがどこにあるか、ということについては、経済学ではあまり話ができなくなってしまうわけです。

　このように、経済学にはできることも多いのですが、どうも軽視していることがあります。つまり、現実世界の問題においてはとても大事なのですが、経済学では重視されていないような価値判断基準があるわけです。その代表が、分配の公平性です。希少な資源を使って、経済活動をして何か効用が得られたり、世の中が良くなったりしたときに、その良くなったメリットを誰が享受するか、が分配の問題です。先ほどのパイの表現でいうと、生み出されたパイをいかに公平に分けるかという判断は、実は経済学にはなかなか苦手なところなのです。直接扱うことができない、あるいは扱わないように逃げているところもあります。

　なぜ扱うことができないか、苦手なのかというと、理由は2つあります。1つは公平性が定義できない、というか、何を公平と考えてよいかわからないからです。先ほどの図でいうと、公平性の問題は、企業と消費者のどちらが分け前を多く得るべきか、という話なのですが、どちらがよいかというのは人によって判断が違います。消費者からすると、自分がたくさん取りたいとなり、企業からすると、やはり自分がたくさん取りたい、ということになります。要するに、誰の価値を重視するかということになって、これは経済学自体では扱えない問題なのです。この問題は、個人の効用を集計することで、誰もが納得する形で社会全体の効用のようなもの（社会的厚生関数）を決めることは難しい、という形で表現されることもあります。これをずっと昔に数学的に証明したのが、ノーベル経済学賞を取ったケネス・アローです（アローの不可能性定理）[5]。

2つ目の理由は、これはもっと現実的な理由なのですが、経済学では効率性だけを見るときの方便として、効率性だけを考えておけば足りる、というふうに説明します。つまり、とにかくパイを大きくしておいて、できたパイをどう分けるかというのは、大きなパイができたあとに考えればよいではないか、という考え方です。つまり、効率性をまず考えて、公平性の話は後でやる、ということです。この考え方は、財政学者の名前を取って、「マスグレイブ主義」と呼ばれます。この考え方では、所得の分配は、後で税金を取って、分配が足りていない人に渡せばよい、という話になります。こういうことができるから、効率性だけをまず考えればよいではないか、公平性は後回しにしたらよいのではないか、というのがマスグレイブ主義の考え方です。[6]

とはいえ、現実には分配は切実な問題です。基準が明確でないからといって効率性だけ見ていればよいかというと、本当にそうなのかということになるわけです。いわゆる成長神話といわれる考え方ですが、経済成長すればみんな分け前にあずかれる、という考え方は、このマスグレイブ主義と同じ考え方ですが、現実には世界中で経済が成長しているにもかかわらず、格差は広がっているのです。このように、分配の問題が扱えないことは、経済学の1番の弱点ではないかと思っています。

5 アローの不可能性定理については、たとえば加藤晋（2013）を参照。
6 マスグレイブ主義については、たとえば八田達夫（1999）を参照。

4 おわりに

私のパートはここで終わりです。このような良いところ、悪いところがある経済学の考え方を、では社会課題の解決にどう使っていけばよいのでしょうか。こうしたことを、経済学の得意分野と限界を踏まえて考える必要があるのではないか、という問題意識がこのサロンの問題意識であり、これについては次回議論したいと思っています。

さて、ここまでが、現在標準的とされている経済学が世の中をどう捉えて、価値をどう判断するかという話でした。では、このような経済学になぜなったのか、もっといろいろな経済の捉え方があるのではないかということについて、堂目先生にお話しいただきたいと思います。堂目先生、よろしくお願いします。

2

より長い・広い目で見た経済学が捉える経済（社会）と価値

堂目　卓生

1　近代とは

今ご紹介いただきましたように、私の専門は経済学の歴史、特に18世紀、19世紀のイギリスの経済学です。今回はこれまでの研究成果に基づきながら、また私が現在大阪大学で進めている活動も踏まえながら、経済学における価値についてお話ししたいと思います。

現代の経済学の発祥の地は、いわゆる産業革命以降18世紀のイギリスです。それ以前にも経済学に相当するものはもちろんあったのですが、現代の主流経済学のもとを作ったのは、アダム・スミスです。まず、スミスの時代、つまり近代がどういう時代だったかについてお話ししたいと思います。

近代の前の時代の中世が魂の時代であったのに対し、近代は物の時代でした。神ではなく、人間が中心になり、来世ではなく、現世が重視され、永遠の命を求めるのではなく肉体の命へと視点が移動したといえます。こうした中世から近代への変換が起こったのは、それまでの宗教的支配が終焉したためであり、そのきっかけが1517年のルターによる宗教革命だといわれています。そして実際に中世が終了するのは最後の国際的な宗教戦争である三十年戦争が終結した後の1648年のウェストファリア体制だとされます。

物の時代である近代の特徴は3つあります。1つ目は「世俗的統治」です。ウェストファリア体制の下で、ローマ教会ではなく、それぞれの地域を世俗的な権力が統治していくことになります。その結果、それまでの宗教的な対立に変わって、国家の対立が生まれることになります。

2つ目の特徴は「科学的世界観」の確立です。17世紀後半ぐらいから、世界は聖書に書いてあるとおりに理解されるのではなく、観察と実験と推論によって理解されるようになりました。つまり、科学的に理解することが認められるようになりました。ガリレオやコペルニクスが命の危険を冒して唱えなければならなかった地動説が今や安全な通説となり、その中でライプニッツやニュートンなどが現れました。「科学革命」ともいわれます。そしてこうした世界観を基礎にさまざまな技術革新が起こることになります。中世にはもちろん技術の改善がありましたが、科学的知識に基づいて技術を開発しくようになることが近代の特徴です。

3つ目の特徴は、新大陸の発見、メキシコにおける銀鉱山の発見とヨーロッパへの流入、一部にはプロテスタンティズムの影響も手伝って、物質的豊かさの追求が認められるようになりました。要するに、物の消費によって幸福になろうという「物質的幸福観」が成立したわけです。この幸福感を背景に、経済成長が求められるようになります。

近代の現象の多くは、これら「世俗的統治」「科学的世界観」「物質的幸福観」の組み合わせによって説明できます。たとえば、国家間の対立の中、ヨーロッパ諸国の政府は、技術革新によって火器などの兵器の開発を進めました。そして、それを訓練して使えるようにするために常備軍を整備しました。しかし、それにはお金がかかります。軍備を安定的・効率的にファイナンスするという視点から、政府は民間の経済成長に関心を持つようになりました。国民一人ひとりの豊かさというよりも、タックスベースとして国民経済を見て、税を広くかけ、また税を担保に国債を発行するようになりました。そうした国家を「租税国家」といいます。

こうした文脈のなかで、科学的世界観と物質的幸福観が組み合わされて生じたのが産業革命だと思います。技術革新に裏付けられた経済成長の結果、商品の種類や数量、交換の範囲が飛躍的に増大していくことになります。その結果、市場の拡大がもたらされ、生産、交換、消費が個人の選択に委ねられるようになりました。自分の効用や利益を求めてよいことになり、利己心の解放が進んでいきました。

産業革命以後、科学技術はさらに進歩して、富は蓄積され、1人当たりGDPも継続的に増加した結果、人々の生活は中世とは比べものにならないほど豊かなものになりました。物質的な発展という意味では近代は大成功したといえます。しかし、実は深刻な問題が生じることにもなります。この問題については次回お話しすることにして、今日は経済学の歴史の話をしたいと思います。

近代に形成された経済学は、3つのことを前提とします。第1に、「世界は物でできている」という科学的世界観。第2に、「人間は物の消費によって幸福になれる」という物質的幸福観。そして第

3に、「物の分配（正義）は統治者が担う」という世俗的統治。これら3つを前提とした上で、主として次の3つの使命を持つことになったといえます。

まず、市場機能の解明です。これは現代では価格分析あるいはミクロ経済学と呼ばれる分野になっています。次に、国民経済を豊かにする方法の解明です。現代では所得分析ないしはマクロ経済学に該当するといえます。そして最後に、国家間の対立を緩和させる貿易の在り方の解明です。多くの経済学者が自由貿易を支持していくことになりますが、現在では国際経済学や国際貿易論が扱う領域です。

実は、経済学の祖とされるアダム・スミスの『国富論』（1776）には、これら3つの領域がしっかり入っています。そして、特に付け加えておかなくてはならないのは、スミスをはじめとした古典時代の経済学者は、人間とは何か、社会とはどうあるべきかという問いと関連付けながら、経済学を創設しました。しかしながら、その後の歴史の中で、そのような意識は徐々に薄まっていくことになります。

2　経済学の古典時代

まず、経済学の古典時代についてお話しします。人間とは何か、社会とはどうあるべきかを問う学問を「人間学（the science of man）」と呼び、それがあらゆる学問の基礎になると主張したのは、18世紀イギリスの哲学者デイビッド・ヒュームでした。ヒュームは『人間本性論』（1739-40）の中で、次のように書いています。「明らかに、あらゆる学問は、多かれ少なかれ人間の自然本性に関係を有し、人間本性からどれほど遠く隔たるように見える学問でも何らかの道を通って、やはり人間本性に結びつく。数学、自然哲学、および自然宗教でさえ、ある程度、人間学に依存している。数学、自然哲学、および自然宗教の諸学が、人間を知ることにこれほど依存しているのであれば、人間本性との結びつきがより密接な他の諸学（論理学、道徳哲学、文芸批評、政治学など）においては、いったいどれほど依存していることが期待できるだろう」。

　こうした人間学の必要性に関するヒュームの主張は、年下の友人であるスミスにも受け継がれ、経済学を創設する際の方法論的な基礎になりました。古典時代における経済学と人間学の関係を示すと、図19のようになります。経済学には理論の領域と政策の領域があるわけですけれど、理論の領域においては、

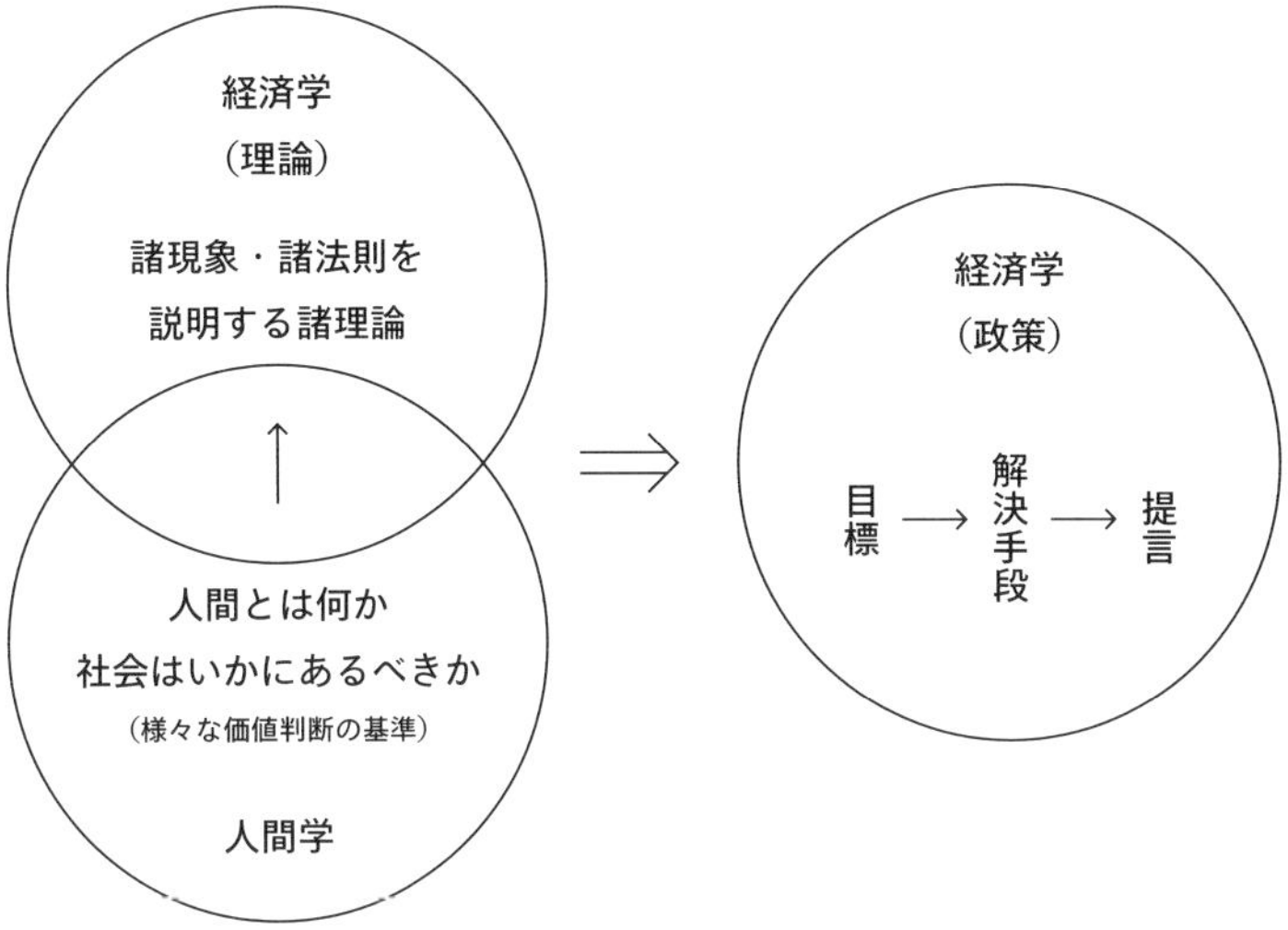

図19　人間学と経済学（理論・政策）の関係

観察される諸現象や諸法則、諸事実に基づいてそれらを説明する諸理論が形成されます。一方、政策の領域においては、何らかの目標が設定され、目標を最もよく達成する手段が選択され、それらが具体的な政策や、ルール、制度になっていきます。

しかしながら、実は理論だけで目標を設定することはできません。なぜなら、理論は「何々である」で終わる命題の集まりに過ぎないのに対し、目標は「何々すべき」で終わる命題になるからです。ですから、目標は社会全体として採用する価値判断の基準、何を大事にするのかということがあってはじめて決定されるわけです。それを社会の規範といいます。

では、こうした価値判断の基準は、どのようにして選ばれるのでしょうか。それはやはり人間とは何か、社会はいかにあるべきか、あるいは人間とは、個人とはいかにあるべきかという幅広い考察に基づいて選ばれます。18世紀においては、こうした考察には実際に名前が付いていて、道徳哲学（moral philosophy）と呼ばれていました。現在であれば哲学、倫理学、心理学、行動科学などが該当すると思います。

人間学は、さまざまな価値判断の基準を提示してきました。たとえば、スミスの『道徳感情論』（１７５９）は、人々の諸感情にもとづいた基準を打ち立てました。他方、最大多数の最大幸福を基準とする功利主義は、ジェレミー・ベンサムが説いています。幸福の全体量よりも一人ひとりの権利を重視する権利論は、カントに象徴されます。人間を平等に扱うことを重視するさまざまな形の平等主義（egalitarianism）、社会からの抑圧や介入を極力排除しようとする最近の自由至上主義（libertarianism）、共同体としての物語を重視するマイケル・サンデルなどの共同体主義（communitarianism）などもあります。

この中から選ばれた1つまたは複数の価値判断の基準が理論と結び付くことによって、政策目標が決定されます。政策とは本来、そういった価値判断をきちんと意識して設定されるべきものです。人間学は価値判断に影響するだけではありません。人間とは何か、どのような原理に従って行動するのかという考察は、諸現象や諸法則を説明する理論の土台にもなっています。内田先生が示された現代の主流経済学も、実は特殊な人間観と価値観の上に成り立っています。以下、この枠組みに基づいて、アダム・スミスとジョン・ステュアート・ミルを簡単に紹介したいと思います。

人間学を扱ったスミスの著作は『道徳感情論』です。スミスは、個人は胸中の公平な観察者の判断に従って「心の平静」を求めるべきだと考えました。社会も公平な観察者の判断に従って秩序と繁栄を実現すべきだとしています。「公平な観察者」とは、所属する社会において共有される中立的、常識的な判断をしてくれる存在です。それは、「共感」、つまり他人の感情を自分の感情として写し取り同じ感情を起こそうとする心の働きを使って他人と交流する中で各個人の心中に形成されます。

スミスの経済学は『国富論』で扱われ、主として市場、成長、貿易の理論からなります。こうした経済理論に基づいて、スミスは実際に政策提言も行いました。重商主義的規制の漸進的な緩和を訴えるとともに、『国富論』の最後では、アメリカ植民地の自発的分離を提言しました。

スミスが構想したのはフェアな競争社会であり、図20で示すことができます。スミスにとって社会の繁栄とは、当時の人口の90%以上を占めていた労働者あるいは最下層の人々に、生きていくために必要な最低限の富が行き渡ることでした。そうした社会は、図の三角形の中にいる雇用主、すなわち資本家のフェアな競争によって実現します。フェアな競争とは何かというと、独占、結託、癒着、偽装などによって、他の人の参加を意図的に妨げることのない競争です。

フェアな競争を通じて、社会全体の資本はもっとも効果的に用いられ、その恩恵が雇用となって、またはそれに伴う所得となって、競争には参加することができなかった労働者にも降り注いでいく、そんな社会になるべきだとスミスは考えました。こうした構想は、当時の東インド会社やギルドなど、国王や議会から排他的特権を与えられた株式会社や組合が利益を独占する中で、斬新なものだったといえるでしょう。

次に、19世紀の哲学者で経済学者のジョン・ステュアート・ミルについてお話ししましょう。ミルの時代は1851年に世界で初めての万国博覧会がロンドンで開かれるなど、産業革命の成果が本格的に表れる一方、ロンドンのスラム化が深刻化するなど、産業化の影も見えはじめた頃でした。イギリス国民は、それまでの階級に代わって、産業界の波に乗れた人と乗れなかった人に二分され、格差は広がっていきました。このような中でミルは、スミスが構想したフェアな競争社会を引き継ぎながらも、競争に参加する機会がより多くの人に開かれるべきだと考え、そのために経済学を新しい人間学、ミルの用語では社会哲学の上に築き直そうとしました。

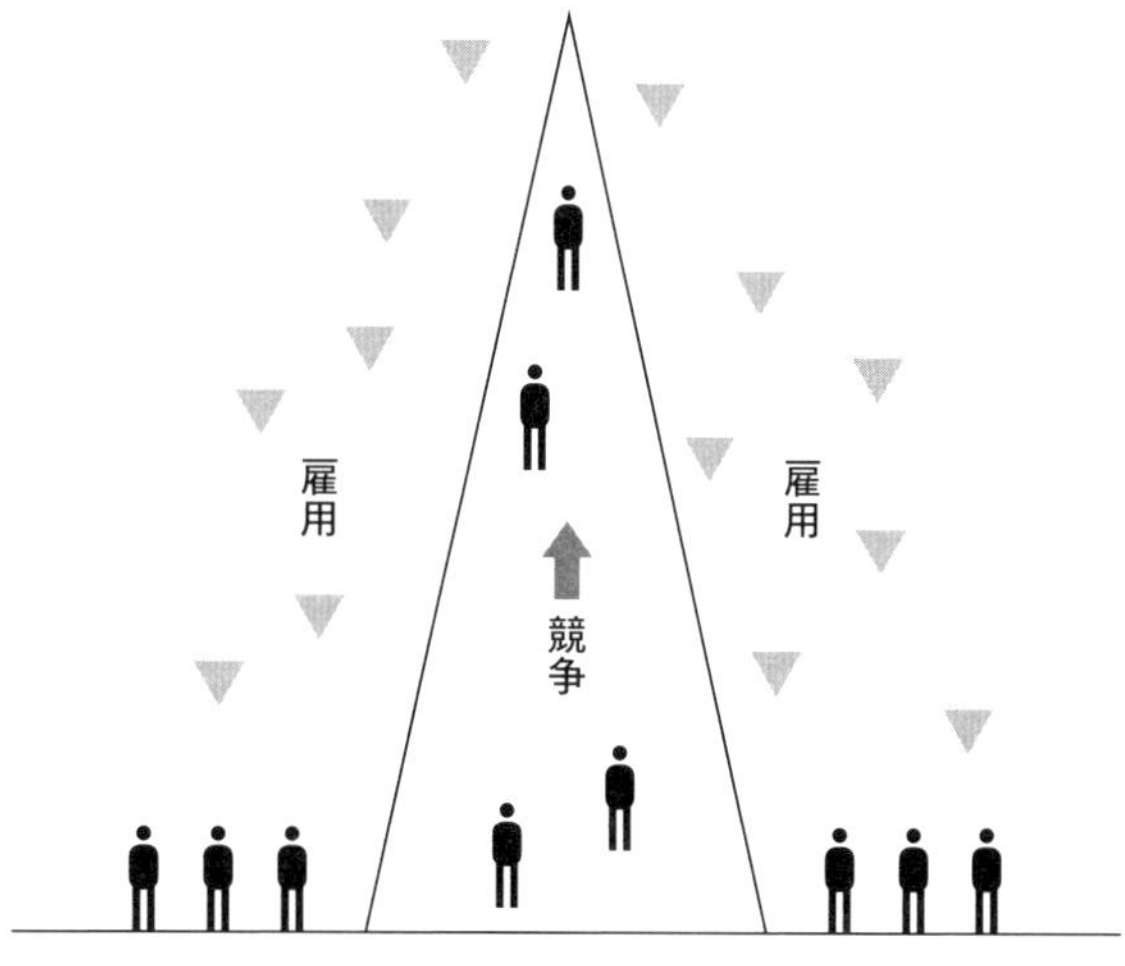

図20　スミスが構想した社会

ミルの人間学は、『自由論』（1859）や『功利主義論』（1861）を通じて知ることができます。ミルは快楽を善、苦痛を悪と考え、最大多数の最大幸福を政策の基準に置くべきだとするジェレミー・ベンサムの功利主義を引き継ぎました。ただし、個人は質の高い快楽を求めるべきと考えました。質の高い快楽とは何かというと、さまざまな快楽を経験した後に個人が積極的に選ぶ快楽のことです。たとえば、強いお酒の快楽しか知らない労働者が飲酒を選び続けるのは、質が高いとはいえません。いくら本人がそれで満足しているといったとしてもです。なぜなら、その人は強いお酒を飲むことしか楽しみを知らないからです。快楽の質を上げるためには、教育を受ける、芸術を鑑賞する、政治に参加する、友人関係を作るなど、他の快楽を経験した上で、本当に自分にとって幸せな快い時間は何なのかを見いださなくてはなりません。これが、質の高い快楽を求めるべきだとするミルの主張の意味です。

社会は個人がそれぞれの特徴・性格に応じて自由に快楽を追求できるよう、多様性を容認し、あらゆる人々に活動の機会を積極的に開いていかなくてはなりません。ミルは、出自や性別によって追求してよい快楽を限定するのは社会全体の快楽の質を高めることにならず、本当の意味で最大多数の最大幸福にはならないと考え、自由の原理に基づいた社会、すなわち多様性を容認する社会を構想しました。

ミルは1848年に『経済学原理』を出しています。基本的に理論ではデービッド・リカードの経済学を継承しました。しかし、ミルは独自の人間学と自由の原理に基づいて、機会均等化を促進する政策を提言しました。たとえば、教育を受ける機会は労働者階級を含めたすべての人に開かれること、政治に参加する機会も女性を含めてより多くの人に拡大されるべきことを主張しました。相続税を用いて、同じ世代における競争のスタートライン、すなわち経済的初期条件をそろえる提案もしました。また、同時人であるカール・マルクスの社会主義運動には同調しませんでしたが、将来社会主義になったときに失敗しないよう、生産協同組合など作るなどして労働者が資本を所有し、経営する経験を積んでおくことを奨励します。

こうしたミルが構想した社会を図にすると図21のようになるでしょう。スミスが構想した社会との違いは明らかです。ミルが構想したのは、機会を均等化し、裾野を広げ、競争のプロセスに国民のすべてを包摂し、より多くの人がさまざまに活躍することによって全体としての物質的な豊かさを増進させ、労働者の分け前も増やす社会です。それは成長と分配を両立させる構想だったといえます。

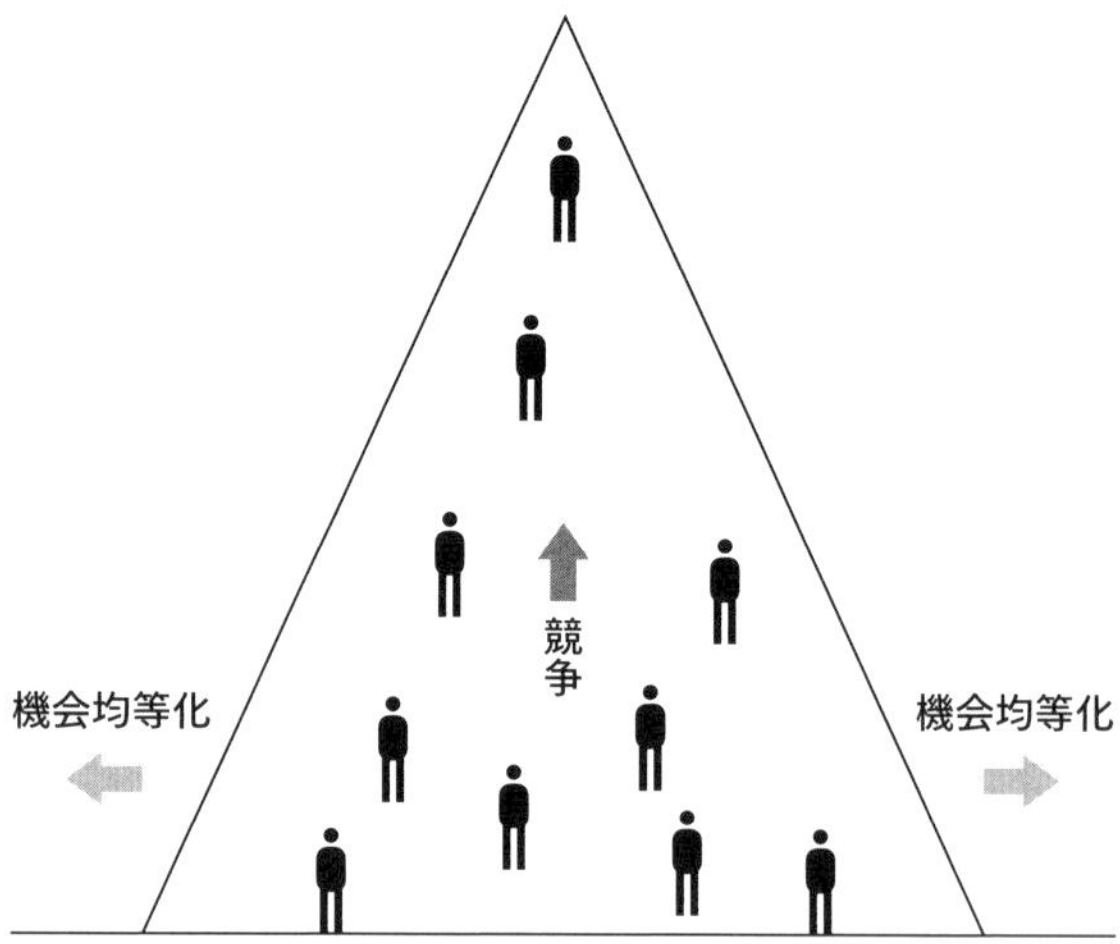

図21　ミルが構想した社会

3　人間学からの分離

このように、スミスもミルも経済学を人間学（スミスは道徳哲学、ミルは社会哲学と呼びました）の一部として捉え、人間とは何か、社会はどうあるべきかを問いながら経済理論を構築し、それらを組み合わせて政策を提言しました。しかし、こうした思考の習慣はその後だんだんと弱くなっていきます。

たとえば19世紀後半にミクロ経済学の基礎を築いたアルフレッド・マーシャルは、経済学の研究を始める前は心理学の研究を行っていました。ダーウィンの進化論やスペンサーの社会進化論の影響を受けたマーシャルが当時関心を持ったのは、進化する存在としての人間でした。しかし、当時のイギリスにおける労働者階級の困窮を見たマーシャルは、貧困解決の手段として、哲学や心理学、倫理学ではなく、経済学の研究が緊急に必要だと考え、経済学者としての道を歩みはじめます。しかし、経済学者になった後も、進化する存在としての人間観は維持し続け、個人は利己主義から利他主義に進化していくべきであり、していくはずだと考えました。そして、社会はそうしたプロセスの中で貧困を解消していくはずだと考えました。これらが個人の規範原理であり、社会の規範原理でした。

こうしたマーシャルが目指したのは経済生物学でした。労働者も資本家も、経済システムとともに進化していくプロセスをマーシャルは解き明かしたかったのです。しかし、残念ながら、１８９０年に出された主著『経済学原理』には、そうしたプロセスはほとんど論じられていません。『経済学原理』で詳しく論じられているのは、経済生物学に至るための序論でしかないと考えられた静学的な経済学でした。しかしながら、マーシャルの『経済学原理』は、一般均衡論を論じたレオン・ワルラスの『純粋経済学要論』（1874-77）とともに、その後の経済学の枠組みを決定付ける著書になりました。先ほど内田先生が出した生産者余剰や消費者余剰、需要の弾力性といった概念は『経済学原理』でも論じられています。

20世紀に入って、静学的な経済学を序論ではなくて本論でよいのだ、経済学が行うべきことのすべてなのだと見なしたのは、ロンドン大学のライオネル・ロビンズでした。ロビンズの時代には、第一次世界大戦後の経済的混乱の中からナチズムや社会主義が立ち現れ、イギリスの大学界にもその影響が入り込み、第二次世界大戦に引き込んでいく流れがありました。「科学」の名のもとに極端な信念を押し付ける「疑似科学」が横行した時代でもありました。

そのような時代の中で、ロビンズは『経済学の本質と意義』（1932）を出版し、経済学を「希少性の科学」と定義しました。それは合理的な個人（経済人）を仮定した経済学で、人間や社会はどうあるべきかという倫理学からも、人間はなぜそのような選択をするのかを問う心理学からも分離された、そして効用の個人間比較をも前提としない経済学でした。

希少性の科学としての経済学は、ロビンズのサークルの一員であったジョン・ヒックスに受け継がれ、『価値と資本』（1939）に結実しました。『価値と資本』は、アメリカにおけるポール・サミュエルソンの『経済分析の基礎』（1947）とともに、現代の新古典派経済学の基礎を形成しました。このようにして、経済学はヒューム以来の人間学のくびきから解放され、希少性に関する純粋科学としての道を進むことになりました。

政治的、思想的混迷の時代を生き抜いた経済学は、その後、数学的手法の助けを借りて精密さを増していきました。諸事実の整合性を検証する統計的手法も進歩して、統計データの整備も進みました。数学モデルを使って考えることと、モデルの演繹的帰結をデータに照合することを共通の了解事項として、主流派の経済学は分析の精密さを著しく進歩させるとともに、分析対象をミクロ経済学、マクロ経済学だけでなく、金融、財政、貿易、労働などの応用分野に拡大していきました。私は、このような伝統（古典時代から見れば反伝統）が、現在の経済学にも引き継がれていると思います。

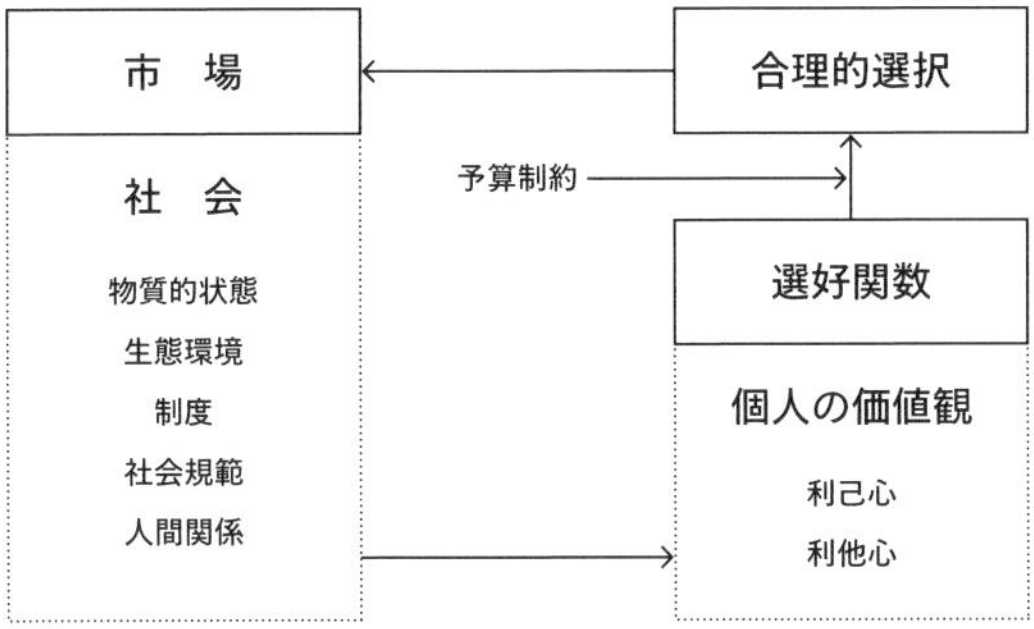

図22　市場・社会・個人の価値観の関係

　こうして経済学は、人間学的な考察から分離されることになりました。現代の経済学では、個人は選好関数および予算制約の下で、効用あるいは利潤を最大化するように合理的に選択することが仮定されます。そして、そのような個人が集まって取引を行うことによって、市場がどのような結果をもたらすのかを明らかにする。これが、経済学がなすべきすべてだとされます。

　しかし実際には、図22で示されるように、個人の選好関数は利己心や利他心からなる価値観に基づいています。また、市場は社会の中に埋め込まれていて、市場での振る舞いは社会に影響を与えるはずです。たとえば、市場の振る舞いは社会の物質的な豊かさや分配状況に影響するでしょうし、生態環境にも影響するでしょう。あるいは制度に影響を与え、社会規範も変えるでしょう。人間関係にも影響するはずです。

社会におけるさまざまな変化や出来事は、個人の価値観に影響し、その上に成り立っている選好関数を変えるはずです。経済学は、実際には存在する選好関数↓合理的選択↓市場↓社会↓個人の価値観↓選好関数という循環の輪を断ち切って、選好関数↓合理的選択↓市場という一直線の因果関係のみに分析を限るようになったといえます。ですから、個人の価値観は所与と見なすことにしたのです。

ここで指摘しておきたいのは、このような経済学が価値自由なのかというと、私はそうは思いません。合理的個人という特殊な人間観とともに、内田先生が前半の報告で指摘した通り、効率性という特殊な価値基準の土台の上に築かれた経済学だといえます。さらに、背後には選択は自由であるべきだという規範が入っていると思います。

現在の経済学の問題は、価値基準を失ったということではなくて、むしろ特殊な人間観と価値基準に固定化されてしまっていて、そのことが他の学問分野の研究者や社会課題に取り組んでいる実践家の人たちに違和感を持たれる原因になっていることです。しかも、なぜ違和感を持たれるのか経済学者の側ではよくわかっていない、あるいは経済学はそれでよいのだと決めてしまっているところに問題があるように思います。

こうした状況から経済学を脱却させるために、哲学、倫理学、心理学、行動科学などとの連携によって、人間学的な基礎を復興させるべきだと思います。さらに、近代への反省も含めて、次のような根本的な問いが同時になされるべきだと思います。

それは何かというと、まず、「人間の幸福（効用）は物の消費のみによって満たされるのか」ということです。2番目は、「人間が求めるのは幸福（効用）だけなのか、その他の価値、たとえば徳や英知、美、自由、平等、権利などはすべて幸福（効用）に還元されてしまうのか」ということです。最後に、

「人間以外の存在に価値を認めないのか」ということです。現在、生物多様性の問題が問われていますが、人間中心主義で本当によいのか。こういったことも、経済学の価値を考え直していく中で再び問われていくべきではないかと思います。これらの問いを意識しながら、社会課題の解決に向き合えるような経済学こそ、本当の意味での「経世済民学」であり、今後必要とされるものだと思います。

4　人間学を基礎とする経済学の復活

これらの要求に応える新しい経済学を作ろうとする、あるいは古典時代の経済学のような形に変えようとする流れが主流派の中からも出てきていています。その一人がアマルティア・センです。センはノーベル賞を1998年に取ったインドの経済学者であり、スミスやミルの経済学を受け継いでいます。ただし、人間開発という視点に立ち、「ケーパビリティ」という新しい価値の上に経済学を打ち立てようとしています。

センによれば、人生というのはケーパビリティ（やろうと思えばできることとの選択の幅）を拡大するために与えられた時間であって、個人は自分のケーパビリティが最大になるようにエージェントとして行動すべきです。エージェントというのは、積極的に行動する主体を意味します。しかし、自然的・社会的要因によってケーパビリティの拡大を阻まれている人は、なかなか行動を起こすことができません。そこで、心身に障害があるとか、政治的に抑圧されているとか、あるいは差別されているといった、いろいろな理由によってケーパビリティの拡大が阻まれている人がエージェントとして積極的に行動を起こせるよう、社会は経済的便宜、政治的自由、社会的機会、透明性の保障、保護の保障を整備しなくてはなりません。

経済的便宜とは、1人当たりGDPに象徴されるような物質的な豊かさを表しています。政治的自由とは、平等な政治参加です。社会的機会というのは、教育や医療などのサービスを受けられる機会のことです。透明性の保障は情報のアクセスの自由を、保護の保障は飢饉や災害などの危機に対する準備を意味します。経済的便宜、つまり物質的な豊かさは人間開発のための手段の1つになっていますが、1つでしかありません。5つの中の1つでしかないという点に注意すべきです。経済成長最優先ではないのです。

こうしたセンによる人間開発の考え方は国連開発計画（UNDP）に採用され、1990年以降、各国が人間開発にどれだけ真剣に取り組んでいるのか、つまり個人がケーパビリティを拡大するための環境をどれだけ整備しているかを示す人間開発指数（HDI：Human Development Index）として公開されるようになりました。

さらに付け加えたいことは、センが人間開発の視点から、民族や宗教を超えた、開かれた社会の構築を目指していることです。センによれば、個人にとってのアイデンティティ、つまり自分が自分であることの拠り所は、年齢、性別、民族、国籍、居住地、職業、宗教、政治信条、趣味など複数存在するはずです。自由な社会では、個人は複数の拠り所の中から時と場所によって優先すべきものを自ら選択して、さまざまな人間関係を形成することができます。

そんなことは当たり前だと思われるかもしれませんが、当たり前だと思えるのは日本が自由な国だからです。国や民族、宗教など単一の基準を絶対的なアイデンティティとして個人の心に植え付ける、あるいは押しつける社会が世界には存在します。そのような社会は、集団の結束力や活動力を高めるように見えるかもしれませんが、個人の考え方や行動が一面的になり、ケーパビリティの拡大が望めません。さらに、異なった社会の人々とのつながりが断ち切られてしまい、対立や暴力が生じる危険性が高まります。センは、世界の人々が国や民族、宗教など単一のアイデンティティにとらわれずに、自分の中に複数のアイデンティティがあることを認識し、多様な人々と交際を広げ、ケーパビリティを拡張すべきだと論じます。

スミスの時代には想像できなかったかもしれませんが、情報化が進む現代において、国や民族、宗教の枠を超えて多様な人々と交流することはこれまでよりもはるかに容易になりました。センは、それを前提にして人間開発を進める経済をどう築いていくか、また「ケーパビリティ」という価値の上に経済学はどうあるべきかを考えていこうとしています。これは新しい問題提起であると同時に、スミスやミルが行おうとしていた人間学の上に経済学を構築しよう、あるいは道徳哲学や社会哲学の一部門として経済学を位置付けようという、本来の経世済民学に復帰する動きの1つだと思います。

3 質疑応答

内田 ありがとうございました。内容も盛りだくさんで突っ走ってきた感じがありますが、皆さんついてきていただいているとありがたいです。私からも堂目先生に伺いたいことがあるのですが、取りあえずフロアやZoomの参加者の皆さんから何かあればということで質疑応答に移りたいと思います。

今日のところは、経済学から見た経済社会の捉え方と、そこでどんな価値があり得るかということ、その価値と社会の関係、経済学の見方の良いところ・悪いところといった整理を行いました。それを使って世の中の社会課題にどうアプローチするかというのが次回になります。多分、次回のほうがいろいろ議論は出てくるかと思いますが、今日のところは前段階の経済的価値の整理に絞っていただいて、何でもわからなかったことでもよいですし、簡単な質問や感想でも結構ですので、何かあればと思いますが、いかがでしょうか。

國部克彦（神戸大学大学院経営学研究科、V.School）　今日は価値の話で、内田先生は効用や価値の話をされたのですが、アダム・スミスは労働価値ですよね。労働が価値を持っているとアダム・スミスの本にも書いてあります。それが近代経済学になると効用価値に変わっていくわけですが、その限界をどう克服するかという問題が常にあって、センのところが恐らくその改良バージョンで、またこれは次回の話題だと思うのですが、労働価値説と効用価値の関係を堂目先生的にはどう理解されているのでしょうか。

スミスは労働価値説なので、その後の経済学との結び付きのところで、たとえばスミスに人間学的なところがあるのは労働価値説を持っていたからできるので、効用価値になってしまうと効用そのものが、先生がおっしゃったように人間を一定の枠にはめた見方になってしまうので、人間学的な視点が出てこなくなってしまうのではないかと思うのですが、そのあたりのお考えをお聞かせ願えればありがたいです。

堂目　スミスが労働価値説を取っていたか否かというのは、かなり専門的なテーマですね。経済学の古典時代には、市場で長期的に成立する価格の背後にそれをコントロールする究極的な要因（価値）があるのではないかと考えられ、それが何なのかを探そうとしました。リカードやマルクスは商品の価格と、その商品1単位の生産に直接間接に投下される労働時間を結びつけようとしました。これを投下労働価値説と呼びます。

スミスも富を生みだす上で1番重要なのは人間の労働だと考えます。もちろん、自然の恩恵も受けるのですが、人間の労働が人間にとって有用なものを生む源泉になっていることは認めています。また分業することによって、より多くの富が生まれるといっていますので、労働の在り方全般が物質的な豊かさに関係すると考えていたことは確かです。
しかし、このことと、スミスの人間学、特に感情を基礎に置く道徳論がどのように関連付けられるかについては何ともいえません。私自身は、今のところ、直接的に関連づけて考えていません。

國部　わかりました。ありがとうございます。

内田　他にいかがでしょうか。専門的な質問でなくても全然結構です。この言葉がわからなかったという質問でもよいので。

参加者A　堂目先生の話の最初のほうで、近代の経済学では、人間は物の消費によって幸福になれるという前提があって、それが今では人間の幸福は物の消費のみによって満たされるのかという疑問が上がってきたという話があったのですが、実際には物の消費だけではなくて、たとえばコト消費やトキ消費という言葉が出てくるように、物の消費以外の消費にも価値があると見なされていると思います。
内田先生からは、値段では測れないようなものを経済学の価値に落とし込むということもやろうと思えばできるような話を聞いたのですが、あくまで既存の経済学から無理やり落とし込むのではなくて、そもそも経済学の枠組み自体を物以外の消費による幸福に対応できるように変えようという動きがあるのでしょうか。

内田 現代の経済学の中の話は次回出てくると思います。外部性や公共財の話なのですが、先ほどの言葉でいえば市場の失敗というところで、市場で扱われないようなもの、ちょっと市場の話と直接は対応しないかもしれないのですが、簡単にいえば環境汚染のようなものを扱うことはできて、環境経済学などでは温暖化対策も今の経済学の枠組みの中で分析されているところがあります。

無理やりといったのは、何でもやろうと思えばできるというだけの意味で、実際に分野によっては、これは効用関数に入れるだろうから、こういう問題は解決しないといけないという合意ができていて、それを扱うことは実際にあります。だから、どの分野でも消費しか考えないということではありません。そんな話が2週間後に少し出てきます。

堂目 スミスは、富（物）が増えれば必ず幸福が増すとは考えませんでした。財産が大きくなると、かえって厄介なことになります。また、人間関係が良好であるかとか、あるいは何か没頭するものを持っているかとか、その他の「こと」も幸福に影響すると考えていました。スミスにとって、幸福の基礎は「心の平静」でした。消費できる物が全くなければ、つまり極度の貧困状態では心の平静を保つことはできません。しかし、その水準を超えて富が増えても、心の平静が保てるとは限りません。かえって心が乱れたり、あるいは富を得ようとする欲望自体が平静を失わせたりすることもあります。

それから、論点は少しずれるかもしれませんが、ミルは、「幸福を求めるようとすると、かえって幸福でなくなる」ということをいっています。幸福は後で味わうものであって、目指すべきものではないというのです。経済学を打ち立てるときでも、人間にはそういう面があるということをしっかり考えておくべきだと思います。

内田 ありがとうございます。大丈夫ですか。答えになっていますか。

参加者A 大丈夫です。ありがとうございます。

参加者B 最後のほうに経済学の課題として、人間以外の存在、たとえば自然などの価値という話があったと思うのですが、その価値を経済学で測ろうというのは、やはり人間以外の存在であってもあくまでも人間との関わりから見た価値というか、人間がそこにどうコミットするかとか、どう思うかに関係なく価値なのか、それともあくまで人間の活動との関わりの中でどのように人間以外の存在に価値があるのかというのは、どちらなのでしょうか。

内田 それは多分、私のような経済学者には答えられない問題です。でも、V.Schoolサロンでそういう議論が昔あったのを覚えていて、環境自体に価値を置くのか、人間から見てそれをどう価値として捉えるのか、という話があります。学問としてその議論がちゃんとあって、それは経済学以外のところでちゃんと議論されているはずで、その答えは知らないのですが、一般論でいくと人によって見方が違うのではないかという気がします。

動物愛護の活動をしているような人たちは、動物自体に価値を感じているかもしれないけれども、自分は動物がかわいいからと感じているという見方もできて、人の態度も見方によって違うし、本人がどう思っているかが本当に表れてくるかどうかもわからない話だと思います。だから、その辺は多様な感じはします。堂目先生、何かありますか。面白い質問だと思います。

堂目 結局はアクションを起こすのは人間ですから、人間の行動をどう変えていくかが重要です。私は生物多様性の問題も自分ごと化しなくてはならないと思っています。そのためには、私たちが「いのち」をどう受け止めるかを考えなくてはなりません。それは、私たち人間が何のために生存しているのか、私たちの生きがいに関わる問題です。経済学がそれを扱うべきだといっているのではなくて、経済学はそういう問題を扱う分野と連携して物質的な富、すなわち「生きるための手段」の在り方を考えなくてはならないということです。

したがって、今日お話ししたように、経済学を人間学に関連づけて考えなくてはなりませんし、もっと広く、自然学や生命学も含めて捉えなおさなくてはならないと思います。

内田 関連しそうなことを思いついたのですが、利他性というのがありますよね。自分だけかわいいのか、人のことを考えるのか。寄付する人は利他的だといわれたりしますが、行動経済学では寄付することも、良い人間だと思われたいために自分のことを考えてやっているという見方もできます。だから、本当に利他性があるのかどうかという議論が行動経済学にはあって、そこも恐らく答えが簡単に出るものではないと思うのですが、見方によっていろいろあるのではないかと思います。それが環境に対する話でも似たところがあるのではないかと思いました。すごく面白い質問をありがとうございます。

では最後に、私のほうから堂目先生に向けて、少しだけ今後の流れにつながりそうな質問をします。2つあって、まずはセンの話です。センの話は、流れを伺っていてそれ自体は非常にわかるのですが、流れの中で考えると少し違和感があったのは、センの話は、人間開発で選択の幅（ケーパビリティ）を増やすべきだ、という話です。その話と、ロビンズのように経済学を狭く押しとどめてしまったような話との関係はどうなっているのでしょうか。センはそういう（狭く押しとどめてしまった）経済学でもケーパビリティを考えた上で改良していこうという考えなのでしょうか。今の経済学でケーパビリティが入ればうまくいく、という話ではどうもないような気がするのですが、そのあたりはどうでしょうか。

堂目　センは、最初は人間の合理性を仮定した経済学を研究していました。しかし、人間は必ずしも合理的ではなく、また合理的な経済人は「愚か者」かもしれないと考えるようになりました。また、物の消費によって幸福がもたらされるという仮定にも疑問を持っているように思います。物もある程度は必要ですが、物さえそろえていけば自動的に幸福が高まっていくのではなく、それを受け止めていく人間側のケーパビリティの問題が重視されなければならないと考えています。このあたりでも、センは従来の経済学を拡張していると思います。従来の経済学を全面的に否定するわけではありませんが、より包括的な人間学を持ち込もうとしているのではないかと思います。

内田 もう1つは内輪の話っぽくなるのですが、私も堂目先生のお話はそのとおりだと思っていて、人間学を忘れた経済学に価値があるのかどうかという話でいくと、たとえば人間学の部分が非常に大事だとすれば、他の分野、特に倫理学などの人文科学的な考え方がとても大事になってくると思うのです。むしろそちらのほうが大事だとすると、今のロビンズ流の経済学は効率性のことしか考えないとしたら、かなり限界があるというか。自分たちは頑張っていろいろなことができると思っているけど、実は大したことがないのではないかと思ったりもしてしまうのですが、そこはどうお考えですか。

堂目 効率性の基準しかないのも問題ですが、効率性の基準を採用したとしても、コストやベネフィットに何を含むかという問題があります。内田先生の今日の話で、効率性を追求していくときに効用関数の中に何を入れるのかというところで、全部入らないだろうといわれました。入らないのです。結局、財とサービス、もっといえば市場を通す財とサービスが入るのであり、市場以外のところで何が得られ、何を失うのかは捉えきれないのです。

たとえば、ある国がＴＰＰ（環太平洋パートナーシップ協定）に参加したらどれだけＧＤＰ

が増えるかということは計算できるでしょう。参加したほうが物の次元において全体として豊かになるかもしれません。しかし、農村がそれによって打撃を被り、家族関係も変わるかもしれません。子どもが都市に移住すれば、親は取り残されて寂しく暮らさなければならなくなる。農村部の人口が減少して医療サービスもまともに受けらない状況になるかもしれません。こうしたことを全部考慮に入れることはできないのです。

しかし、実際に現場にいる人が何とか解決していこうとしているのは、物質的な暮らし向きだけでなく、家族の関係や地域の関係です。金銭に換算できないものが実は人間の幸福やwell-beingに関係しているので、金銭に換算できるものだけに限った提案というのは、すべてを解決してくれません。このことを自覚して、他の学問分野の研究者の議論や、現場の声に耳を傾ける必要があるのではないでしょうか。

内田　ありがとうございました。それでは、時間が超過してしまいましたが、今回はこれで終わりにしたいと思います。では、また再来週になりますが、ご参加ください。皆さん、ありがとうございました。

第2回

「社会課題の解決と経済学の使い方」

日時：2022年7月21日（木）17:00～18:30

場所：神戸大学V.School（六甲台第2キャンパス、眺望館1階）

およびオンライン（Zoom）

前回のまとめ

内田　それでは、V.Schoolサロンを始めたいと思います。本日（2回目）のサブタイトルは「社会課題の解決と経済学の使い方」で、経済学の観点からして、社会課題をどう考えていけばよいか、というのが今日のテーマです。

このサロンは、世の中では経済的価値が重視されているようだけれども、それは一体どのように表されているのか、それ以外の価値とどう違うのか、あるいはこれからの社会でどのような価値を重視すべきか、そのバランスをどう考えていけばよいのか、といった問題意識に基づいて、2回にわたって開催しています。

1回目は「経済学における価値」ということで、経済学において経済あるいは社会をどう捉え、その中でどのような価値をどのように扱うのかということをお話ししてきました。今回は、そのような経済学を使うと社会課題をどのように扱うことができるのか、という、どちらかというと実践的な話になります。できる部分とできない部分を整理しようという目的もあります。

今日の構成としては、まず堂目先生から、社会課題の解決と経済学についてお話しいただきます。特に、堂目先生は大阪大学の社会ソリューションイニシアティブ（SSI）に携わっておられますので、経済学史の研究者がなぜSSIに関わり、どのような実践をされようとしているのか。その中で、堂目先生がずっと専門にしてこられた経済学の考え方や思想がどのような役割を果たしていくのか、ということをお話しいただきます。

続いて私が、応用経済学という、経済学の考え方を使う者の立場からお話しします。私は金融という分野で応用しておりますので、金融分野の応用経済学者は社会課題をどのように捉えているかということ、そして前回お話しした標準的な経済学の捉え方とその限界についてお話しした後、私も、堂目先生ほどはないですけれども、神戸大学V.Schoolに関わって実践に近いことをしようとしているので、その話もできればと思っています。最後にディスカッションをしたいと思っています。

では、まず堂目先生からお話しいただきたいと思います。「経済学史研究者から見た社会課題の解決と経済学」ということで、堂目先生、よろしくお願いします。

1

経済学史研究者から見た社会課題の解決と経済学

堂目 卓生

1　はじめに

前回は経済学が生まれてきた背景となる近代についてお話ししました。近代は「世俗的統治」「科学的世界観」「物質的幸福観」という3本の柱によって支えられていること、それらが組み合わさって兵器の開発や常備軍の整備、租税国家の登場、そして産業革命という現象が起こったことを示しました。産業革命以後、科学技術はさらに発展して、富が蓄積され、1人当たりのGDPは継続的に増加した結果、人々の生活は中世とは比べものにならないほど豊かになりました。この点では近代は大成功だったといえます。しかし、予期せぬことが起こりました。それを今日の話の出発点にしたいと思います。

2　近代がもたらした危機

近代がもたらした予期せぬこととは何か。それは人口の爆発です。10数万年前に発生したホモサピエンス（人類）が10億人に到達するのは19世紀の初頭から半ばにかけてです。現在の人口は約78億人で、2050年には90億人になるといわれています。2050年以降の人口動態については、いろいろな推計が出ていますが、2100年に100億人を超えるという予測もあります。そうだとすれば、人口は300年たらずで10倍になったことになります。いずれにせよ、人類という種は劇的な増殖の状況にあるといわなければなりません。

他方、現在の日本の人口は約1億2530万人でが、世界の人口とは反対に減少を続け、2100年には7500万人ぐらいになるといわれています。5000万人の日本人が消えるわけです。高齢化も進んで、65歳以上は既に30%を超え、2050年には40%近くになるかもしれません。実は、この現象は日本だけで起こるわけではなく、韓国や中国など東アジアの国々でも起こり、最終的には世界全体が経験することだといわれています。

このような人口動態を考えると、日本が今問うべきことは、人口減少とともに高齢化・少子化、地方の衰退、所得の格差、それから地震や水害、台風などの自然災害にどう向き合うかということです。一方、世界においては、しばらくは人口増大と、それとともに起こる貧困、格差、環境破壊、伝染病、紛争、エネルギーといった諸問題に向き合っていかなければなりません。このことが前提となって2015年に、17からなるゴールが国連で採択されました。皆さんご存じの持続可能な開発目標（SDGs）です。

私はこうした日本を含む世界を、豪華客船になぞらえています。豪華客船は産業革命以後の科学技術の粋を尽くして造られ、優雅に航行してきたかのように見えるのですが、いつの頃からか、船底に穴が開いてしまい、水が入ってきています。甲板にいる私たちが、この状況を知ろうとしなければ、あるいは知っているにもかかわらず何もしなければ、船はいつか沈みます。みんなが上層階の一等船室に逃げ込もうとすれば、船は確実に沈むでしょう。なすべきことは船底に行って穴をふさぐことです。もしもみんなで船底の穴をふさぐことができれば、人類は新しい時代を迎えることができるでしょう。では、どのようにして穴をふさぎ、さらには船をどこに向かわせたらよいのでしょうか。つまり、どんな社会を目指したらよいのでしょうか。

3　人間学を基礎とする経済学の復活

前回の講義でお話ししたように、アダム・スミス以後の古典派経済学者が、人間とは何か、社会はどうあるべきかを問う人間学を基礎に、主として市場の機能の解明（ミクロ経済学）、国民経済を豊かにする方法（マクロ経済学）、そして国家間の対立を緩和する自由貿易の在り方を解明する経済理論（国際経済論）を構築しつつ、その時々の社会課題に答えていきました。しかしながら、19世紀後半のマーシャルを経て20世紀に入り、特に１９２０‐３０年代にナチズムや社会主義がヨーロッパを支配する中で、経済学がそうした人間学的な考察あるいは価値判断から切り離されてしまいました。これはある意味やむを得なかったといえます。しかし、20世紀後半、たとえばアマルティア・センによって、ケーパビリティという新しい価値の上に人間学を復興させた実践的な経済学が目指されるようになりました。

今日は再びセンの話を少ししましょう。センによれば、人生というのはケーパビリティ（選択の幅）が最大になるように私たちに与えられた時間であって、個人は自分のケーパビリティが最大になるように、エージェントとして、つまり積極的に行動すべきです。そして社会は個人、特に自然的あるいは社会的要因によってケーパビリティの拡大を阻まれている個人、たとえば障害者であったり、女性であったり、子どもであったり、難民であったり、いろいろな理由で、行動に制約を課せられた人たちのケーパビリティが広がるよう、資源を優先的に振り向けていかなくてはなりません。

センが構想した社会は図23によって説明できます。台形の下のほうにいる人は、ケーパビリティが低い人、つまり選択の幅が狭い人、できることが少ない人です。こうした人は、一般に「弱者」と呼ばれ、英語では「vulnerable」と呼ばれます。一方、台形の上のほうにいる人は選択の幅が広い人、つまりケーパビリティが高い人で「有能な人」（capable）と呼ばれます。これまでの経済学は「有能な人」に資源を集中させ、そうした人たちにイノベーションを起こしてもらい、付加価値（グレーの部分）を生み出してもらおうと考えてきました。

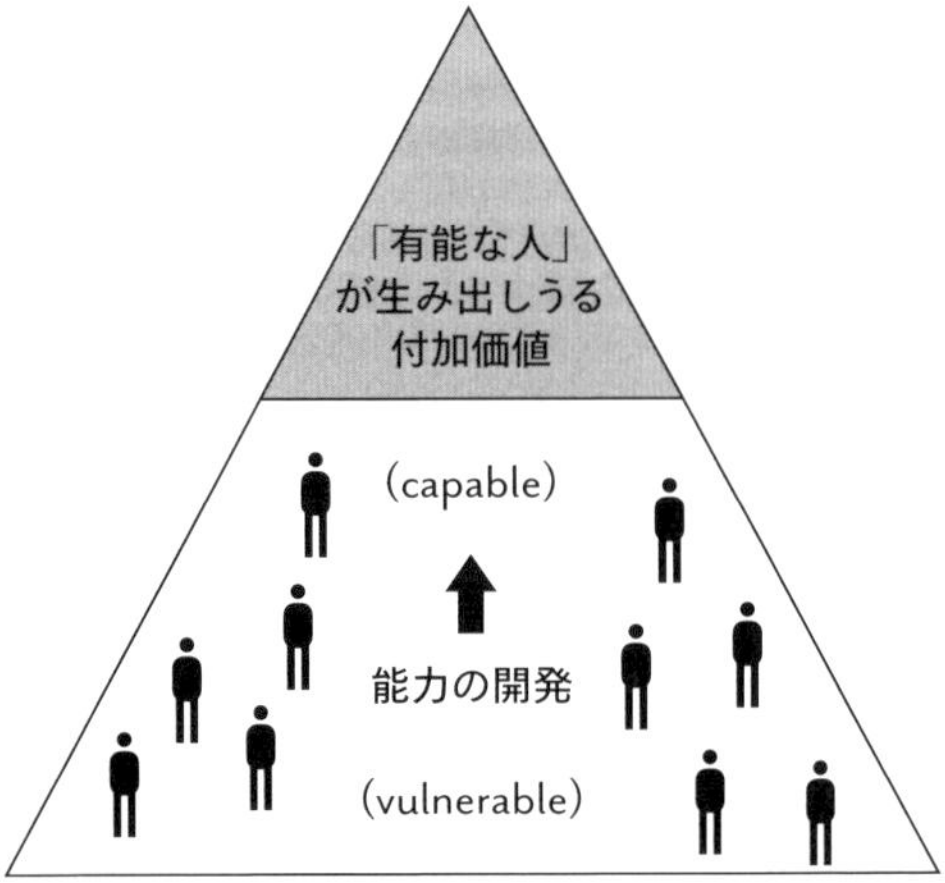

図23　センが構想した社会

生みだされた付加価値のほとんどは「有能な人たち」の収入になるのですが、その一部を「弱者」に再分配していくというのがこれまでの考え方でした。しかし、センの場合はそうではなく、たとえ経済成長につながらないとしても、「弱者」が受けている阻害要因を取り除いて、他の人と同様に能力の開発ができるようにすべきだと考えます。経済成長してから分配するのではなくて、経済成長につながらなくても、先にケーパビリティの低い人たちに配分していこうというのです。

この考え方は、経済学的な合理性から見れば、限られた資源を有効に使っていない、あるいは持続可能ではないように見えるかもしれません。また、有能な人から見れば、自分の能力を使って生み出したものを一方的に与えるだけではないかという疑問が沸くかもしれません。

こうしたセンの考え方に対する批判に対して、私は次のように答えたいと思います。「弱者」と呼ばれる人、つまり「助けを必要とする人」には、きちんと向き合えば与えてくれるものがあるのではないかと。確かに「有能な人」つまり「助ける人」は、「助けを必要とする人」に対して財やサービスなど、ケーパビリティを拡大するための支援をしますが、実はそれだけではありません。「助けを必要とする人」にきちんと向き合って、共感し、手を差し伸べることによって、「助けを必要な人」になることを恐れる「心の壁」から解放されるのではないでしょうか。

「有能な人」と呼ばれる人、あるいはそう思っている人は、自分は助ける側にいなければならず助けを必要とする人になってはいけない、障害を持ちたくない、高齢化して役に立たなくなったらおしまいだ、などの「恐れ」というか「心の壁」を持っています。実は、そうした恐れに縛られて不自由な人生を送っているともいえます。そうした人たちが、被災者、難病患者、障害者など「助けを必要とする人」とつながることによって、同じことが自分の身に起こったとしても、決して自分の存在意義（価値）が減るわけではない、むしろそれまでの生活では得られなかった価値を見出すことができる、このように考えることができるかもしれません。

私は、価値（存在意義）は創造するものではなく見いだしていくものだと思っています。価値は、ないところから創るものではなくて、あることに気づくものです。私たちは、本当のところ、生きる意味はどこにあるのか、何が本当に大切なことかということをわかっていません。助けを必要とする状態になってみて、あるいはそういう状態にいる人たちに接してみて、何が本当に1番大切なのか、生きるということにはどういう意味があるのか、ということがわかるのではないでしょうか。

経済学は、目に見えるモノやサービスだけを見て損か得かを考えますが、そのような見方自体、近代がもたらした見方、モノの時代がもたらした見方だと思います。新しい経済学を考えるときには、そういう見方そのものから脱却して、本当のところ何が大切かを見いだしていくことも同時に行っていかなければならないと思います。

4　目指すべき社会：近代を超えて

では、こうしたことを踏まえて、私たちは、どのような社会を目指したらよいのでしょうか。また、どのような経済学、つまり経世済民学（民を救って世を治めるための学）を打ち立てるべきでしょうか。

近代社会は、図24に示されるように、「有能な人（capable）」が真ん中にいて財やサービス、知識を生産し、それに貢献できない人を「弱者（vulnerable）」とみなして支援する、つまり財とサービスを分配するシステムです。財とサービスを「弱者」にどれくらい気前よく分配するかによって社会の形（およびそれを支持する学説）は異なります。基本的に「弱者」には分け与えなくてよい、すべて自己責任であるというのはリバタリアン的な考え方です。反対に平等に分配すべきだというのは社会主義的な考え方です。その他の考え方はそれらの中間に位置するでしょう。しかしながら、どの考え方も、財やサービス、知識を生産することができるという意味での「有能な人」を中心に置き、生産に貢献できない人を「弱者」として周辺に置く点で共通しています。また、包摂（インクルージョン）というときにも、結局のところ「弱者」を「有能な人」に近づけようとすることです。基準は「有能な人」にあるわけです。「有能な人」に近くなることは、人としての価値が高まることなのです。私は、こうした近代の見方を変えるべき時にあると考えています。

新型コロナウイルス感染症によって、誰もが「助けを必要とする人」になりうる時代であることがわかりました。普通に生活していた人を「助けを必要とする人」にする可能性は、新型コロナウイルス感染症だけでなく、震災や台風等の災害、気候変動、水不足、紛争等、どの社会課題も持っています。ですから、たとえコロナ禍を切り抜けたとしても、誰もが「助けを必要とする人」になりうる時代は続くと考えなくてはなりません。コロナ禍で得ることができた最も貴重な体験は、誰もが弱者になりうること、あるいは弱者であることを、人類全体で共有できたことだといえるかもしれません。

図25は、コロナ新時代に目指すべき社会を示しています。それは、「助けを必要とする人」を中心に置き、「助ける人」が周りから向き合う社会です。ただし、誰が「助けを必要とする人」で、誰が「助ける人」になるかは固定化されず、流動的です。重要なのは、上で述べたように、「助ける人」が「助

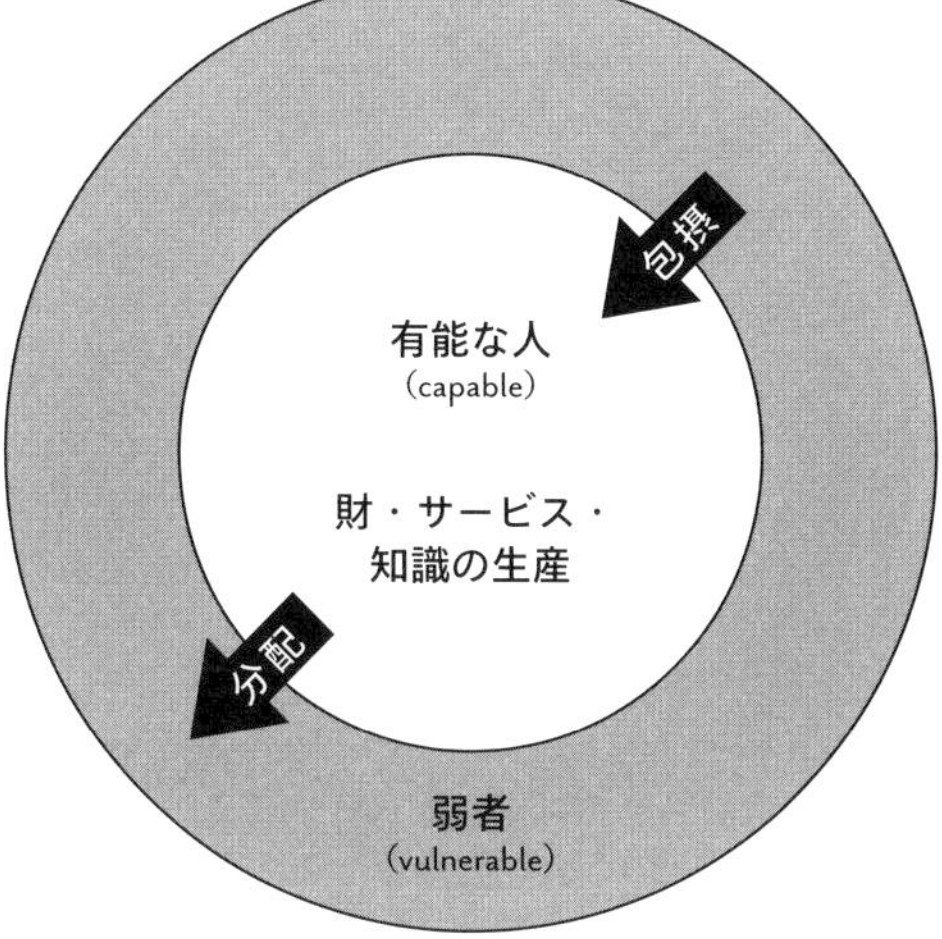

図24　近代社会の構造

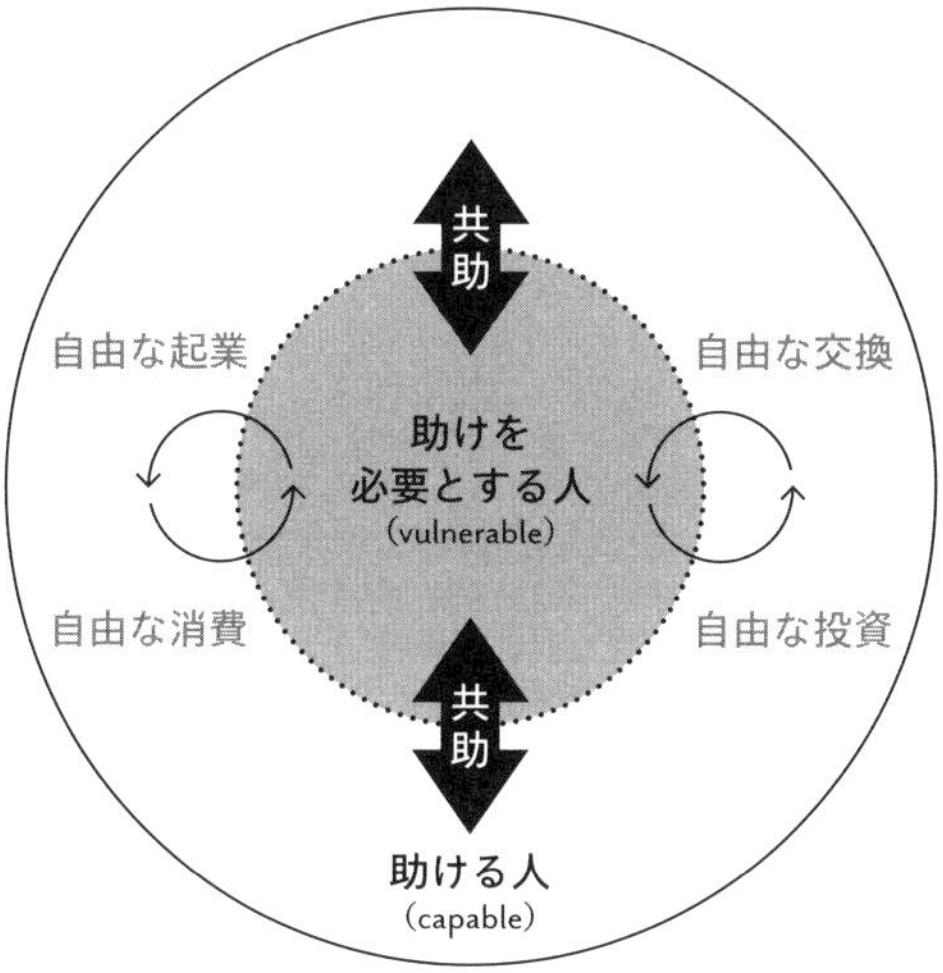

図25　コロナ新時代に目指すべき社会

けを必要とする人」を助けるだけでなく、「助けを必要とする人」が「助ける人」を助けるという関係、つまり「共助」の関係があるということです。

ここからは経済の話ですが、重要なのはこうした社会を国や政府から押し付けられるのではなく、私たち一人ひとりの自由な選択によって実現することです。そのためには、民間企業が市場を通じて資金調達・生産・販売を行って、消費者に財とサービスを提供する経済、つまり伝統的な言葉の使い方をすれば自由な経済、あるいは資本主義経済が維持されなくてはなりません。自由な起業、自由な投資、自由な交換、自由な商品が保証される経済です。

しかし、これまでのところ、資本主義経済はスミスが唱えたフェアな競争ができているか、ミルが試みた競争への全員の包摂ができているか、センが唱える弱者のケーパビリティ拡張への配慮はなされているかというと、いずれも完全には達成できていません。むしろグローバル化によって独占や格差など悪化している面もあります。他方、企業の社会的責任（CSR）や共通価値の創造（CSV）など、自然環境や人間社会に対する責任を企業に求める傾向は強まっており、それを実践している企業も増えています。企業の社会的責任は経営者だけに取らせて済むものではありません。企業に投資する人、企業が供給する商品を買う人、あるいは企業で働く人、そういう人も含めてみんなで責任を負う必要があります。

投資の面では、皆さんご存じのように環境、社会、企業投資に配慮している企業を優先するESG投資が広まりつつあり、これに応じる形で財務情報だけでなく非財務情報も含めた統合報告書を公開する企業も増えています。

消費については、これはまだ緒に就いたところですが、消費者が価格と商品の質だけでなく、その商品が自分の目の前に現れるまでに自然や人間にどのような影響を与えたかを知った上で選択しなければなりません。そのためには、商品のサプライチェーンが明らかにされるとともに、それが自然や人間に与えた影響を測る共通の指標が必要です。倫理的消費に関しては、たとえばさまざまなNPOからなる「消費から持続可能な社会をつくる市民ネットワーク（SSRC）」が2016年から「企業のエシカル通信簿」を発表しています。また、大阪大学の社会ソリューションイニシアティブ（SSI）でも、30社以上の企業とともに共通指標の作成に取り組んでいます。今日は、その作成に取り組んでいる伊藤武志教授にも来ていただいています。

「助けを必要とする人」と「助ける人」が共感によって助け合う社会、その社会を物質面で支えていく企業、共感する企業の持続を応援する投資家・消費者・勤労者。政府や自治体などの行政機関、NPO・NGO、大学などの中間組織の役割も不可欠です。様々なステークホルダーがつながるネットワークを形成し、自由な選択のもとで、共助社会の支えとなる企業を支える。これが、私が呼ぶところの共感資本主義経済なのです。

このような話をすると、そんな社会や経済は夢物語に過ぎないといわれることがあります。しかし、世界の流れは、こうした社会を実現する方向に向かっています。実際、SDGsは2030年をターゲットに「誰一人取り残さない（No one left behind）」を唱えています。「誰一人取り残さない」とは取り残されそうな人を優先的に助けることを意味しますが、誰もそんなことは不可能だとはいいません。いつ取り残されるかわからない時代の中で、取り残されても大丈夫な社会の意識と制度、それを支える社会と経済を創っていこうとしているのです。

2025年に開催される大阪・関西万博も「いのち輝く未来社会のデザイン」を謳っています。誰のいのちが輝くのかというと、それはみんなです。特に「助けを必要とする人」や「自然」を中心にみんなで考えていく、そのような場を「未来社会の実験場（People's Living Lab）」として提供しようとしています。このように、共助社会や共感資本主義経済を後押しする風は確実に吹き始めています。

こうした中で私自身も5年前に、大阪大学内でＳＳＩというシンクタンクを立ち上げ、実際にいろいろなアクションを起こしています。ここから先は参考資料を見てください。ディスカッションの中で時間があれば紹介します。

2

応用経済学者から見た社会課題の解決と経済学

内田　浩史

1　社会課題と経済学

1―1　経済学の分野と社会課題

　堂目先生、ありがとうございました。引き続き私のほうからお話ししたいと思います。前回説明したような経済学の中で、社会課題を考えてみようということなのですが、まず経済学にはいろいろな分野があります。私は応用経済学の経済学者だという話をしましたけれども、現在の標準的な経済学、いわゆるパラダイムになっている経済学は、ＪＥＬコードといって、アメリカ経済学会が決めているものによって分野が分類されています。JELコードは学術雑誌に論文を投稿するときに、どの分野かを示すために必ず書くことが求められるもので、アメリカ経済学会が発行しているJournal of Economic

SDGs（持続可能な開発目標）			経済学の分野
0	Sustainable development		開発経済学
1	貧困	あらゆる場所のあらゆる形態の貧困を終わらせる。	厚生経済学・医療(health)経済学
2	飢餓	飢餓を終わらせ、食料安全保障及び栄養改善を実現し、持続可能な農業を促進する。	(該当分野無し)
3	保健	あらゆる年齢のすべての人々の健康的な生活を確保し、福祉を促進する。	医療(health)経済学
4	教育	すべての人に包摂的かつ公正な質の高い教育を確保し、生涯学習の機会を促進する。	教育経済学
5	ジェンダー	ジェンダー平等を達成し、すべての女性及び女児のエンパワーメントを行う。	(労働経済学(労働差別))
6	水・衛生	すべての人々の水と衛生の利用可能性と持続可能な管理を確保する。	環境経済学
7	エネルギー	すべての人々の、安価かつ信頼できる持続可能な近代的エネルギーへのアクセスを確保する。	環境経済学(エネルギー経済学)
8	経済成長と雇用	包摂的かつ持続可能な経済成長及びすべての人々の完全かつ生産的な雇用と働きがいのある人間らしい雇用（ディーセント・ワーク）を促進する。	マクロ経済学・労働経済学
9	インフラ、産業化イノベーション	強靭（レジリエント）なインフラ構築、包摂的かつ持続可能な産業化の促進及びイノベーションの推進を図る。	公共経済学
10	不平等	各国内及び各国間の不平等を是正する。	厚生経済学・医療(health)経済学
11	持続可能な都市	包摂的で安全かつ強靭（レジリエント）で持続可能な都市及び人間居住を実現する。	(都市経済学)
12	持続可能な生産と消費	持続可能な生産消費形態を確保する。	(該当分野無し)
13	気候変動	気候変動及びその影響を軽減するための緊急対策を講じる。	環境経済学
14	海洋資源	持続可能な開発のために海洋・海洋資源を保全し、持続可能な形で利用する。	環境経済学(資源経済学)
15	陸上資源	陸域生態系の保護、回復、持続可能な利用の推進、持続可能な森林の経営、砂漠化への対処、ならびに土地の劣化の阻止・回復及び生物多様性の損失を阻止する。	環境経済学(資源経済学)
16	平和	持続可能な開発のための平和で包摂的な社会を促進し、すべての人々に司法へのアクセスを提供し、あらゆるレベルにおいて効果的で説明責任のある包摂的な制度を構築する。	(厚生経済学・政治経済学・経済史)
17	実施手段	持続可能な開発のための実施手段を強化し、グローバル・パートナーシップを活性化する。	(該当分野無し)

表1　SGDsと経済学の研究分野

Literatureという、経済学の研究展望論文を集めた雑誌で使われている分類です。

これでいくと、たとえば社会課題を端的に表すのがＳＤＧｓですけれども、これが経済学のどの分野で扱われるかを確認することができます。それが表１になります。これを見ると、やはり応用分野で扱うことが多いことがわかります。まず、「Sustainable development」という分野自体が開発経済学の１分類としてＪＥＬコードに載っていますし、あとは貧困や飢餓などのキーワードを拾っていくと、医療経済学や環境経済学、厚生経済学あたりがＳＤＧｓに１番近いと思います。

１―２　経済学による社会課題の検討

では、こうした分野で実際にどうやって経済学が社会課題を扱うかということなのですが、私は環境経済学の専門家ではないのですが、標準的な経済学の教育を受けているので、環境経済学のコアの考え方は説明できます。では環境経済学的に社会課題をどう表すか、ということを簡単にお話ししたいと思います。

ここでは石炭火力発電と温室効果ガスの例を挙げたいと思います。堂目先生は先ほど人口爆発に触れておられましたが、図26はそれにも関連するCO_2排出量の急増を示したものです。CO_2排出量の増加を知らない人はいないと思いますが、特に１９５０年あたりからは、それまでとは比べ物にならないペースで増えていることが分かります。地球温暖化という問題の深刻さをよく表しています。

この温暖化ガスの排出行動を経済学的に表したいと思うのですが、前回お話ししたように、モノやサービスを売る会社がどのように経済活動をしているのかは、費用関数などの式を使って表します。

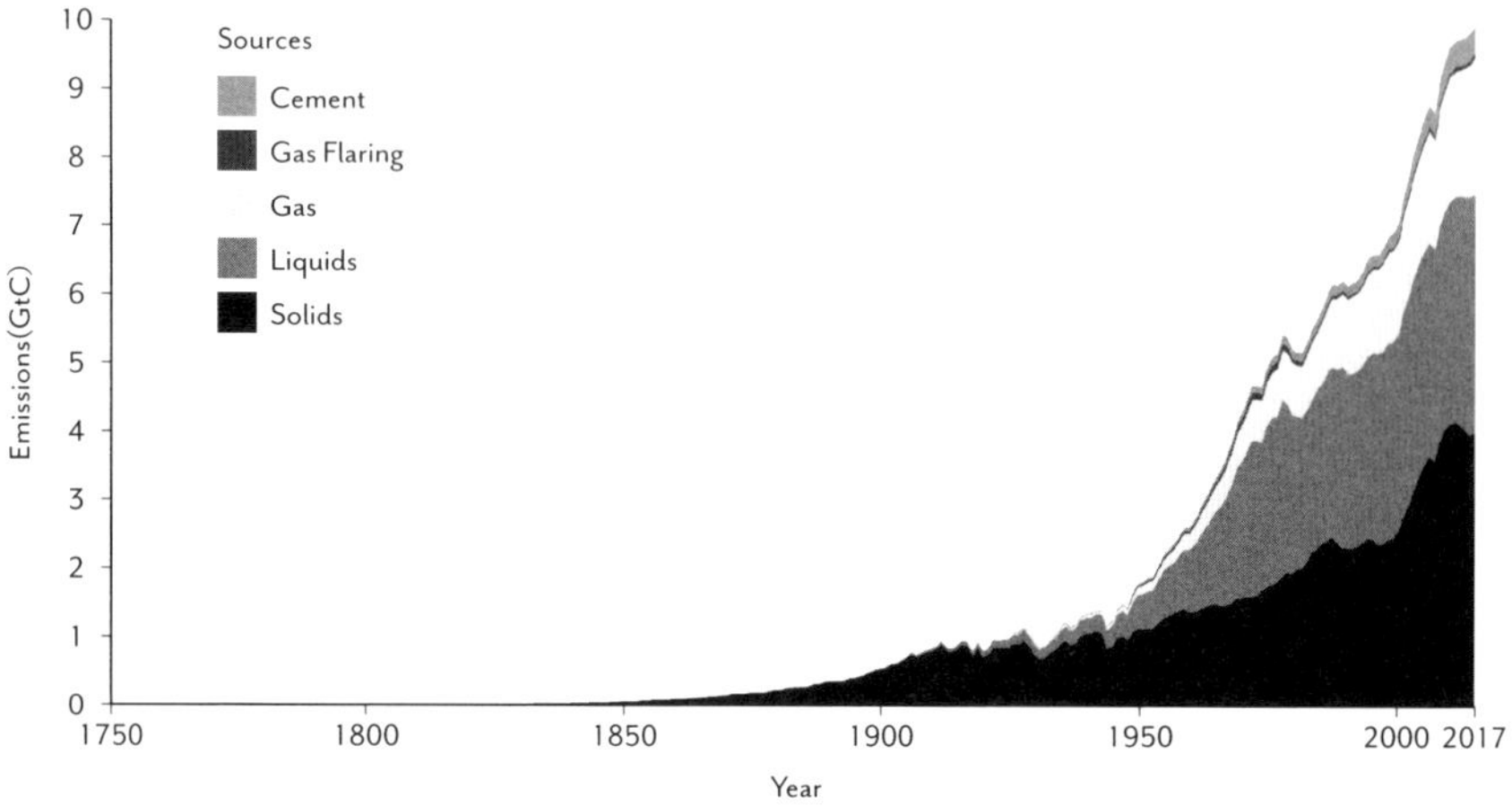

図26　CO_2排出量

企業は何らかのモノを作ります。石炭火力発電をする会社は電力（y）を作ります。そのためには費用がかかります。たくさん作ろうと思えば石炭がたくさん要ります。1企業としての発電会社が負担する費用は、理論的には私的（private）費用と呼ばれます。これを$C^p(y)$と表すことにしましょう。他方で、売った電気の価格（p）と量（y）を掛け合わせると電力会社にとっての収入（py）になり、収入引く費用（$py - C^p(y)$）で利潤となります。利潤が1番大きくなるyが、企業にとって望ましいyとなります。

企業は、価格が高いとたくさん作りたくなります。ただ、使う側からすると、価格が高くなればあまり使わないし、価格が安くなるとたくさん使いたくなります。そこで、需要と供給の釣り合うところで市場生産量と市場価格が決まるわけです。実際の電力価格は規制があったりして本当は正確ではないのですが、基本的なイメージとしてはそのように表されます。ここまでは前回と同じです。

しかし、大事なのはここからです。今お話しした私的費用というのは、1企業にとってという意味です。現在問題となっているのは、石炭火力などでCO_2がたくさん出過ぎて問題を起こすことです。温暖化ガスを排出することは、温暖化を通じて社会全体に大きなコストをもたらします。1企業が使う石炭などのコストではなく、世界的な悪影響という温暖化のコストを考えるのです。この社会的（social）費用を$C^s(y)$という費用関数で表すことにしましょう。これは、1企業のコストよりもかなり大きくなります（図27）。1企業のコスト（私的費用）が右側のグレーの曲線だとしたら、社会的費用はたとえば左側の黒色の曲線となるわけです。

　こういう状況のことを、経済学では外部性といいます。外部性とは、自分の財・サービスの消費や生産が、自分以外に便益や費用を生み出す、環境・社会にすごく大きな影響をもたらすことを表します。影響が負、つまりコストの場合は負の外部性、あるいは外部不経済といいますし、正で便益の場合は正の外部性、あるいは外部経済といいます。そうすると、外部性も含めた左の曲線が本当のコストなので、本当のコストと釣り合うような利潤最大化から得られる供給曲線（限界費用曲線）は、もしかすると図28左側の黒い線（$p=MC^s(y)$）のようになるかも

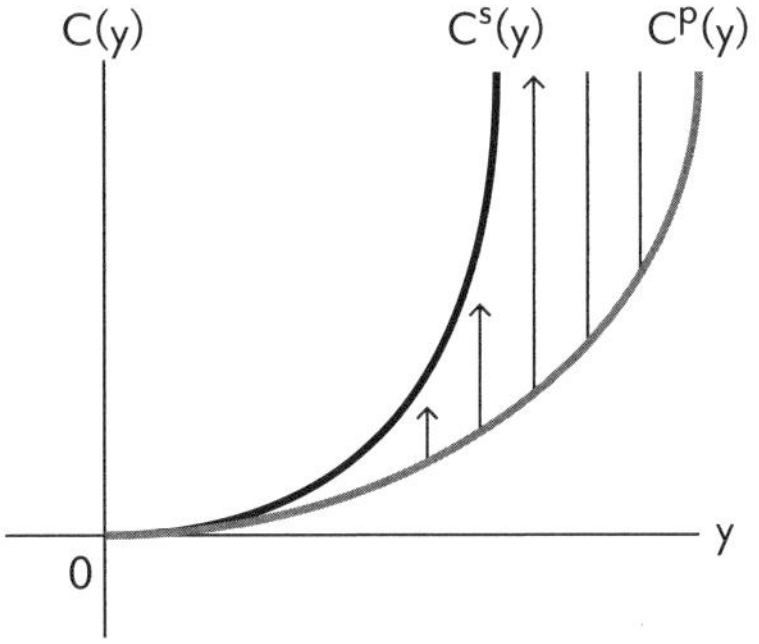

図27　私的費用と社会的費用

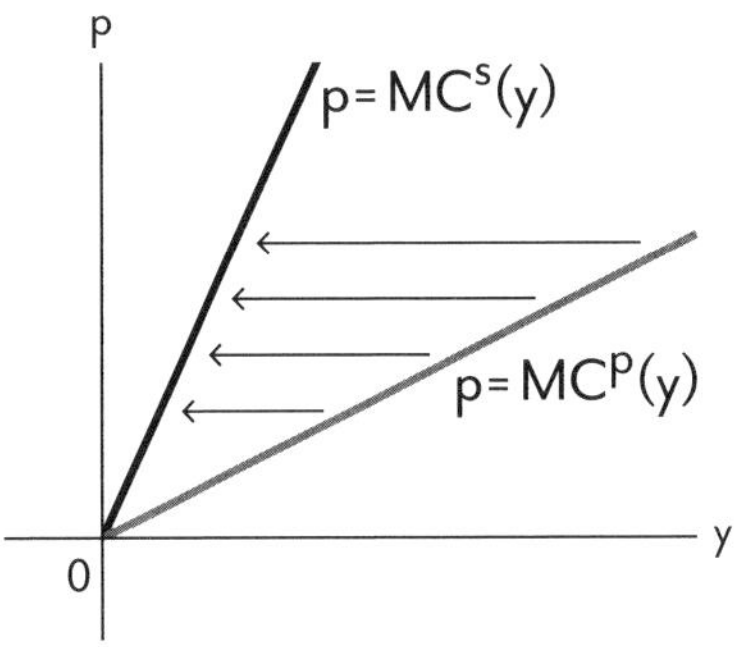

図28　私的供給関数と社会的供給関数

しれません。この線が社会的に望ましい供給曲線になります。

ここで、需要側とのつり合いを取ることを考えると（図29）、グレーの線（$p=MC^p(y)$）と点線の交点ではなく、社会的には黒い線（$p=MC^s(y)$）と点線の交点が望ましいのです。双方の交点を比べると、作られる量が全く異なります。社会的にはあまり作らないほうがよいのに、たくさん作られてしまう。これが過剰生産という意味での問題です。

経済学では、需要と供給がつり合うように市場メカニズムが調整すると考えますが、調整がうまくいかないことを「市場の失敗」といいます。社会的なものと私的なものが違うと、こうした市場の失敗が生じます。外部性が生み出す市場の失敗です。図30を使って説明すると、実際に作られる電力と価格はグレーの線と点線の交点で、余剰概念、つまり前回出てきた三角形の価値表現では、0ABという三角形が社会にとっての価値としていたのですが、実は社会的に望ましい供給は黒い線（$p=MC^s(y)$）のほうですから、直線BCより上の、死荷重（dead-weight loss）と呼ばれるマイナスの部分を引かないといけなくなります。非常に大きな問題になっていることがわかります。このマイナスを含めたのが社会全体の価値です。

経済学では、ここで話が終わるわけではありません。この市場の失敗をどのように正せばよいのかというところまで考えます。望ましいのは図31の「社会的な最適な生産量」で、実際が「市場生産量」なので、生産を抑えればよいわけです。抑えるにはどうしたらよいかというと、「p^*」の価格で作っている電力を、買う人側からすると、「社会的な最適価格」くらいまで価格を上げてやります。上げる方法として、たとえば炭素税というものが使われるわけです。そうして価格を無理やり上げて、需要を減らします。これを行うのが政府だと経済学では考えます。経済学では、市場の失敗は政府が是正するものであり、そのために政府が存在するのだという考え方を取っています。これは、理論的にいうと、外部性を内部化するということです。公的介入によって、社会的費用を考えた経済活動をさせる、ということになります。

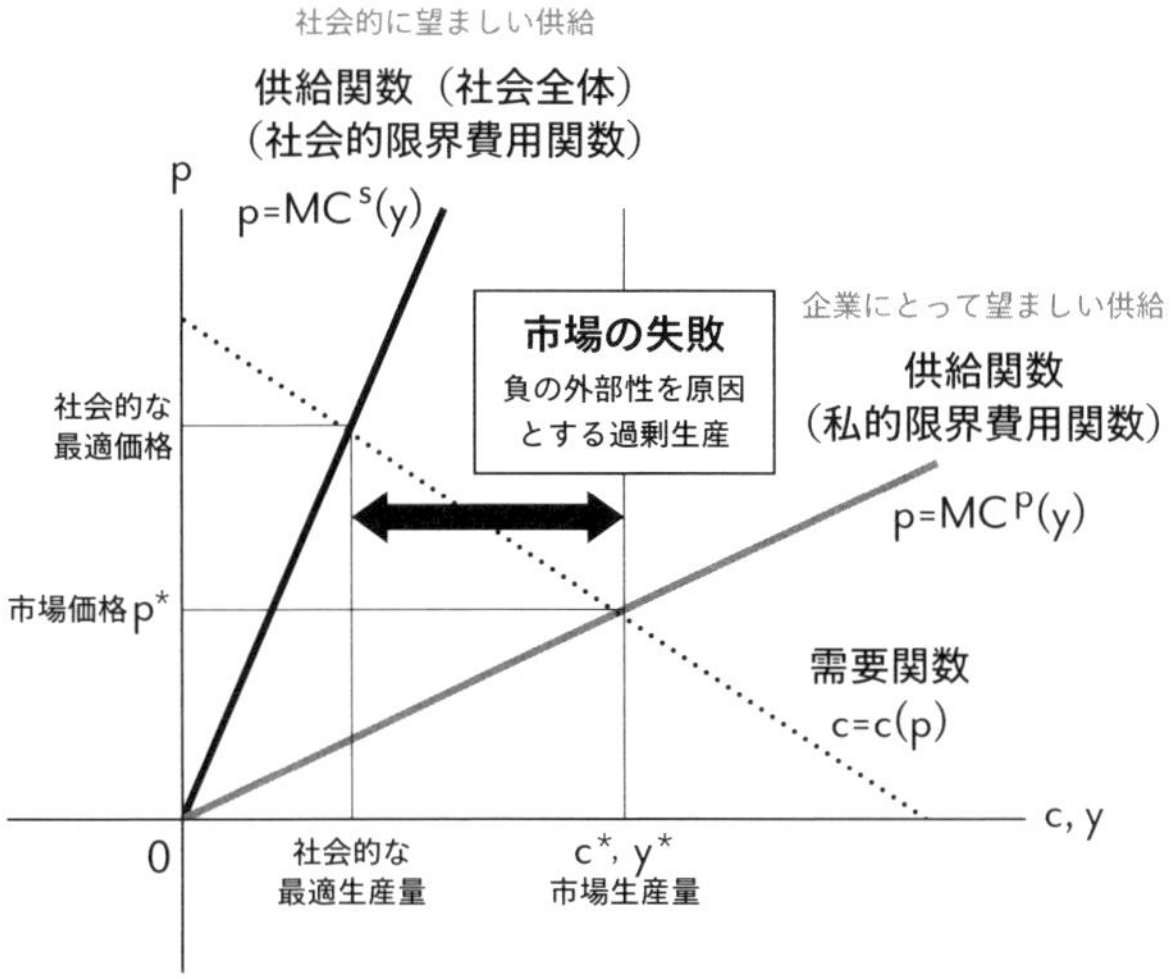

図29　均衡と市場の失敗

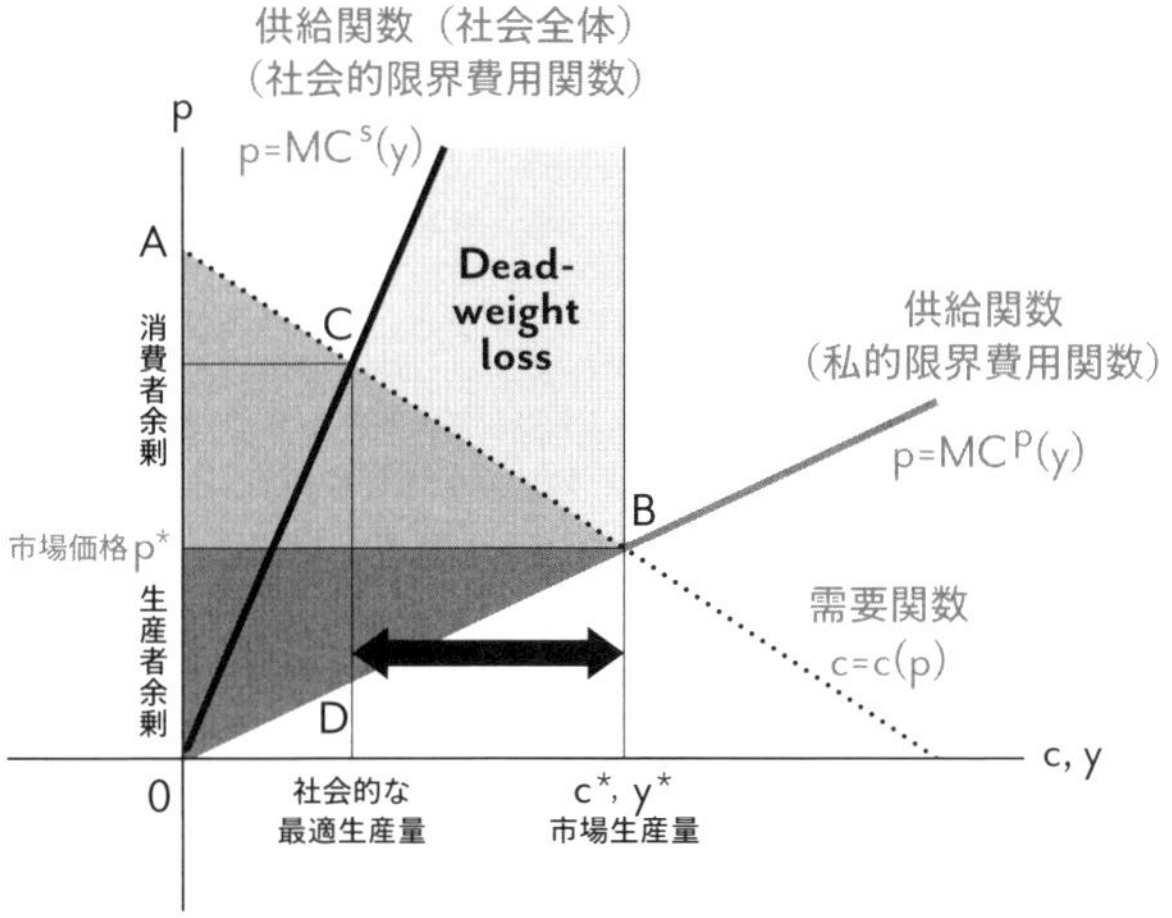

図30　死荷重

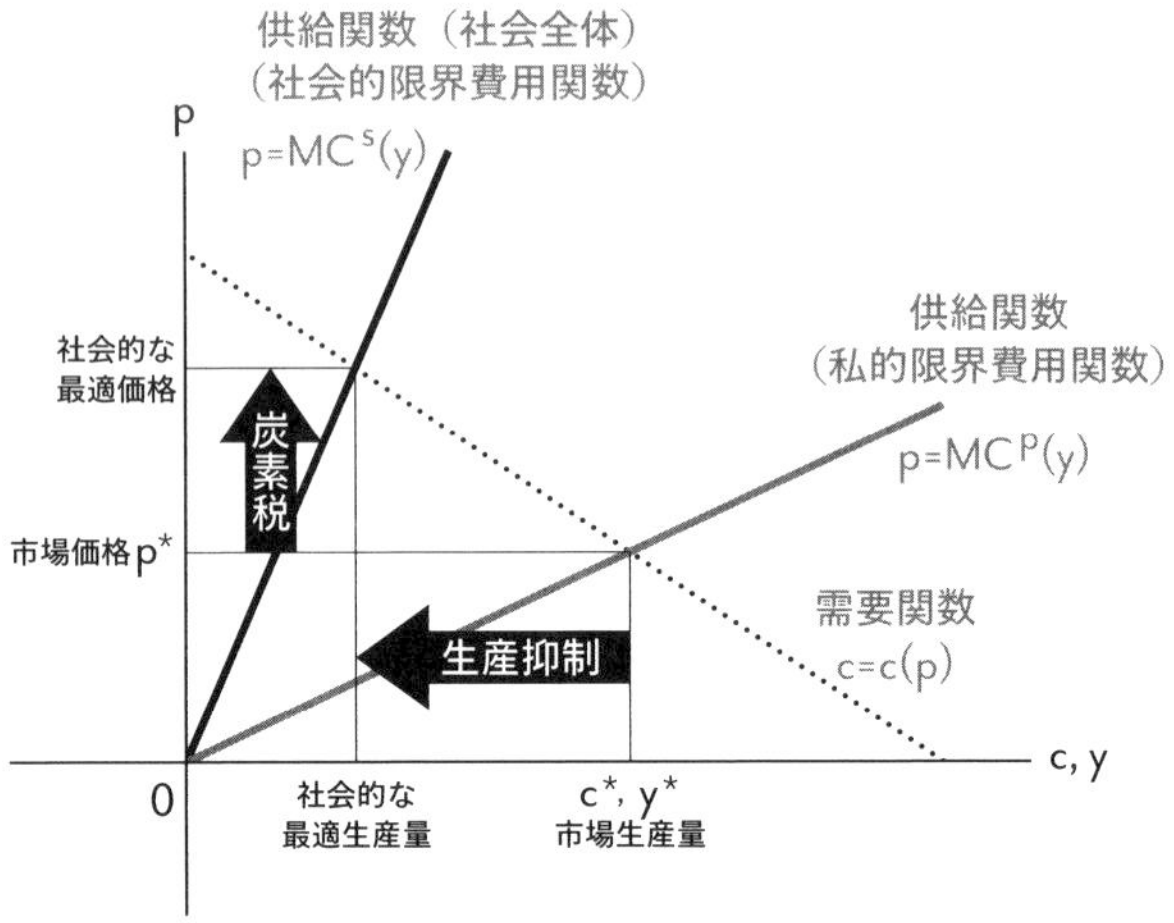

図31　内部化による是正

そうはいっても、実際皆さん考えていただくとわかると思うのですが、今はエネルギー危機といわれて価格が上がっているわけです。上がってくると、社会的には望ましいかもしれないのですが、実際政府などは国民の批判を恐れて、ガソリンに対する補助金を出したりして値下げをしたわけです。これは、社会的便益よりも私的便益のほうを優先させる政策です。政府がかえって問題を引き起こす、という、政府の失敗と呼ばれる状況といったほうがよいかもしれません。

　ということで、経済学的な社会課題の典型的な表し方は、市場の失敗があって社会課題が発生している、というもので、資源配分の非効率性という形で表します。その資源の無駄を、公的介入で規制したり、税金を取ったり、補助金を渡したり、公共サービスを供給したりして是正します。とはいえ、こういうことを行うに際して問題（政府の失敗）もあるという捉え方をします。これが典型的なケースです。

2　社会課題と金融

2―1　これまでの金融とこれからの金融

私（内田）の専門は金融分野なのですが、では金融だとどうなるのでしょうか。実は、金融という分野は、社会問題がほとんど出てきません。金融は、社会問題からかなり遠い分野だといえるかもしれません。

経済学でいう金融は、経済活動の特定の側面だけを捉えています。どういうことかというと、図32のような感じで、世の中にはお金を貸す人がいて、借りる人がいます。貸す人はお金にある程度余裕があるので、余っている部分を足りない人に貸してあげる、あるいは投資をするわけです。借りた人は、そのお金を事業活動などに回します。企業などがそうですが、たとえば人を雇ったり、材料を買ったりして事業活動を行って、収益を上げて、その収益を使って返済します。

返済する額は、金利などが付いて、借りてきた額より多くなります。貸していた人は貸した額よりも増えて返ってきて嬉しいですし、借りていた人はお金がなくて何もできなかったのが、資源をうまく使って事業活動ができて、価値を生み出すことができるわけです。これが、経済学的に捉えた金融です。この場合の金融の意義は、資金という資源の有効活用にあります。ですので、これまでの金融における価値は、事業収入からの返済をあてにしていたわけですから、金銭的価値を特に重視していたのです。

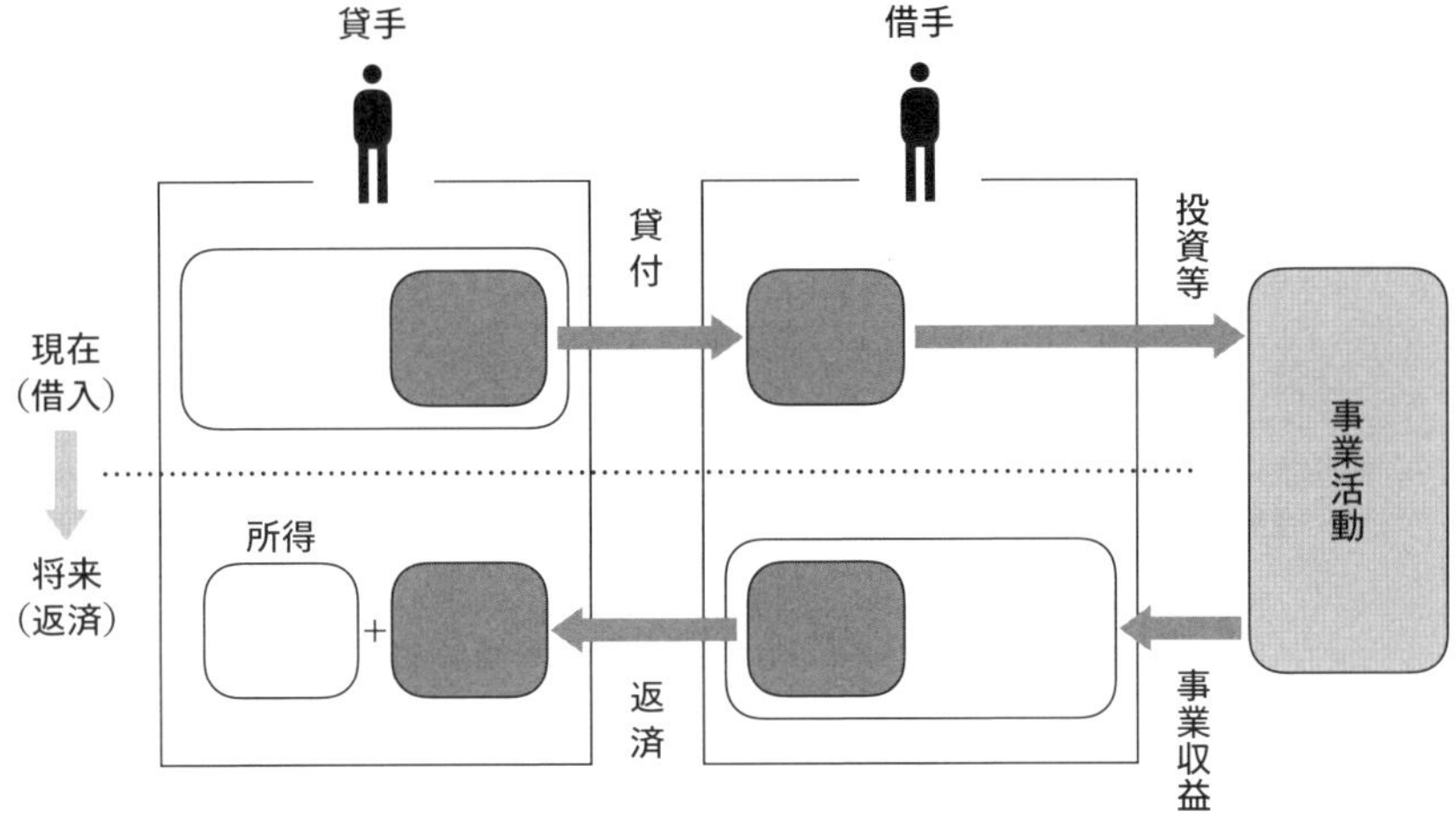

図32　金融の経済的意義（機能）：資金の有効活用

ただ、堂目先生のお話で出てきましたけれども、現実の金融はだんだん変わってきています。これからの金融に求められる価値は、SDGsに代表されるような社会的価値になってきています。社会的価値のことをバリューといったり、それを解決することをインパクトといったりしますが、こういうところを追求しなければならないので、金融面でもこうした価値を考えようということです。

その中で、これは実務に近いところですが、ソーシャル・ファイナンスという言葉があります。これは堂目先生がいわれたように、いろいろな人が共同で責任を共有して市場をうまく使おうという考え方の1つと考えてよいと思います。図33は、ソーシャル・ファイナンスという概念を提唱したアレックス・ニコルズ教授が描いた図を引用したものです。横軸を見ると、「意図」の欄のところに、「金銭的価値の創造が主たる動因」というものがあります。「金銭的価値の創造」というのは、お金を投資して、より大きなお金が返ってくると

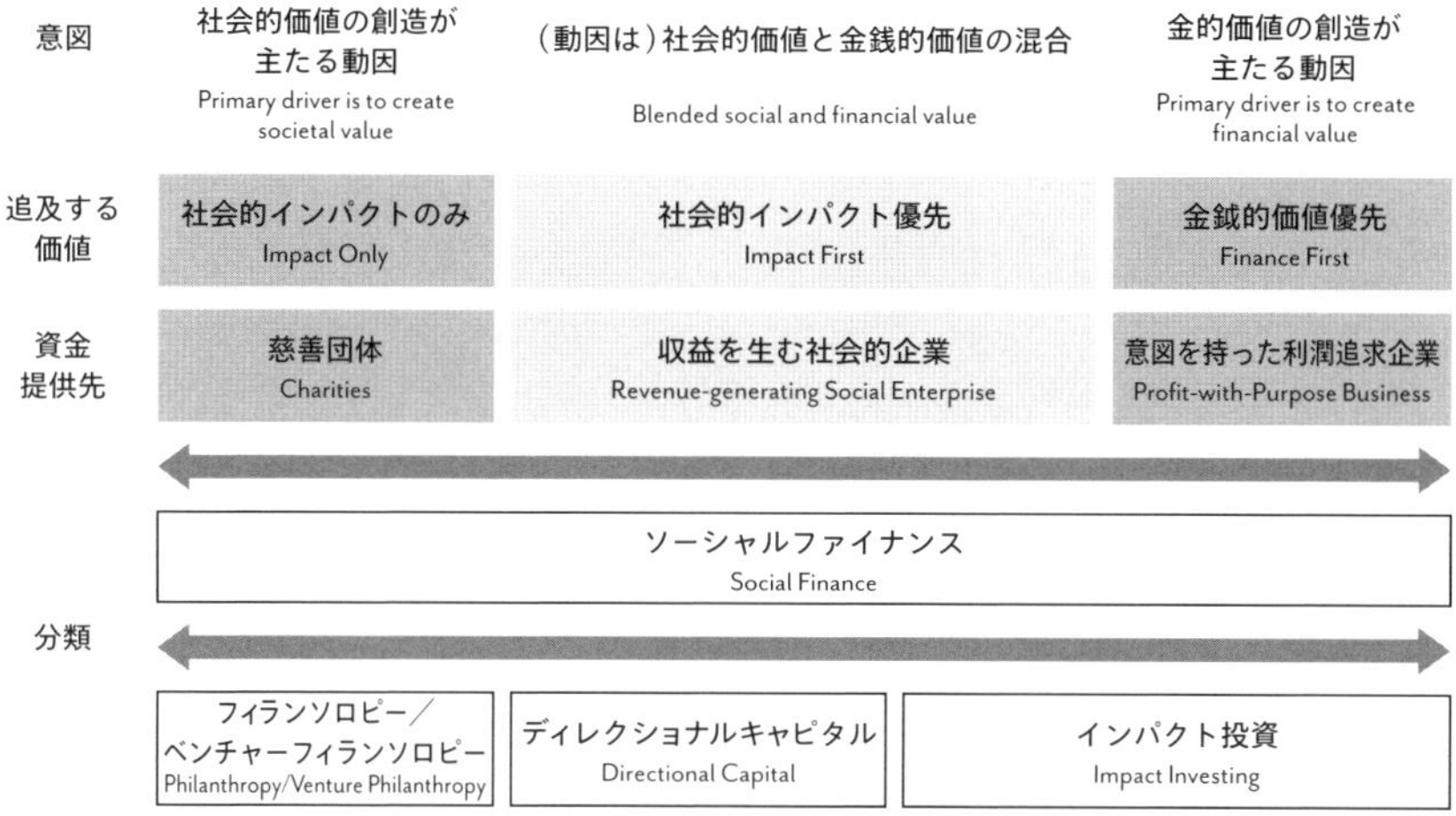

図33　これからの金融に求められる価値

Alex Nichollsら編『Social Finance』（2015）Oxford University PressのFigure 0.1を著者が和文付記・改変。

いうことです。これは先ほどの従来型の金融に近いソーシャル・ファイナンスです。

ただ、今の世の中は金融でも社会的価値を創ることが大事だといわれるようになりました。これまでは考えられなかったことです。そうした金融には、図のように程度の幅があると考えます。1番右は、主に金銭的価値が動因になっていて、左に行くほど社会的価値を求める資金提供、ということになっています。左側はこれまでにもなかったわけではありません。慈善団体への寄付などがそうです。中間が社会的価値の追求と金銭的価値の追求の混合です。右側の金銭的価値追求は、ソーシャル・ファイナンスに含めるのはどうかとも思えますが、ここでは少しでも社会的価値を追求するものをソーシャル・ファイナンスとしているので含まれています。

社会的価値の追求という場合にいわれているいろいろな投資は、この（図の）中に含まれます。たとえばインパクト投資というのは、社会へのインパクトを可視化して評価する、というものです。日本経済新聞で過去10年ぐらいの記事を検索すると、インパクト投資という言葉は２０１４年10月６日の社説に初めて登場しています。海外ではもっと早く進んでいたのですが、日本でこの言葉が出てきたのはこの頃です。そこでは、民間の資金で高齢者介護や貧困などの問題を解決するような事例が取り上げられています。また、昔から有名なのは、アメリカの投資銀行ゴールドマン・サックスによる刑務所の受刑者矯正事業への資金拠出です。矯正された人をどれだけ受け入れるかということを成果として資金を出しています。たくさん矯正されれば成果が上がったと考えるということです。実務の世界ではこうしたものがたくさん出てきています。

非営利団体（ＮＰＯ: Non-Profit Organization）のセクターでは、図34のようなモデルを使ってインパクトを表します。ある資源を投入して、ＮＰＯが何か活動をして成果を生み出す道筋を描くもので、たとえば貧困に対する支援をすることで、子ども食堂で食事が提供されて、子どもが健やかに成長する、といったものです。こういうものを使って道筋を示し、解決までのサイクルを回していこうとしています。こうした図はロジックモデルといわれています。

もう少し込み入ったものとしては、セオリー・オブ・チェンジ（Theory of Change（ＴＯＣ）、（社会）変革の理論）というものがあります（図35）。これは、経済学のモデルにも少し似ているところがあるのですが、社会の根底にある問題は何なのかを明らかにし、その問題に対して介入していきます。たとえばＮＰＯ法人が何かの支援をするわけです。すると、何か成果が出て、その上で新たな介入を組み合わせたりして、さらなる成果を上げていき、究極的に、社会全体としてどのような状態を達成するか、といったことを表そうというものです。

ここまでの話は、金融の中でも社会的価値を追求しよう、価値を生み出すように資金を使おう、とするものですが、逆の流れというか、悪い価値を出さないようにしようとする動き、たとえばいわゆるダイベストメントと呼ばれるようなものもあります。化石燃料やたばこなど、社会に問題をもたらすような企業や事業にお金を使うのはやめよう、そういうところに回っているお金を引き揚げよう、

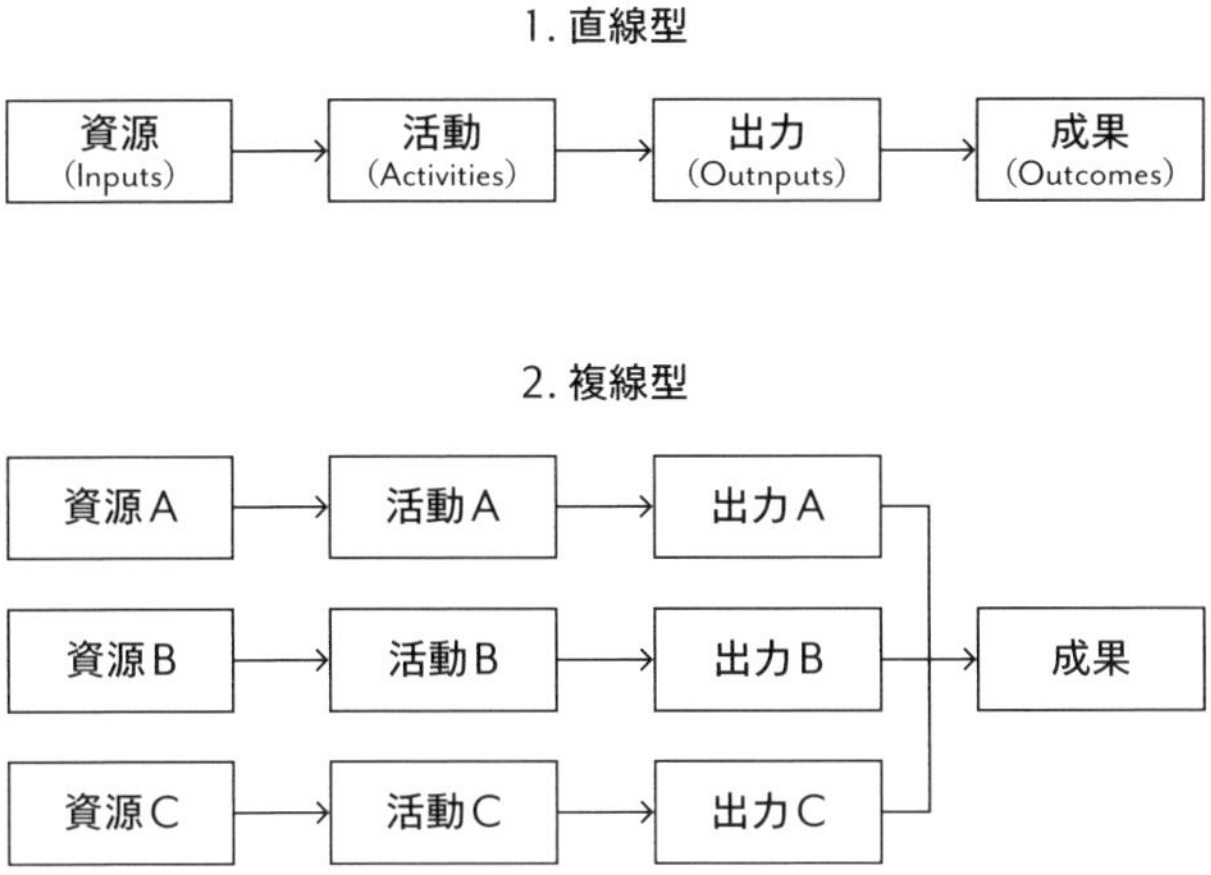

図34　評価のための可視化 ： ロジックモデル

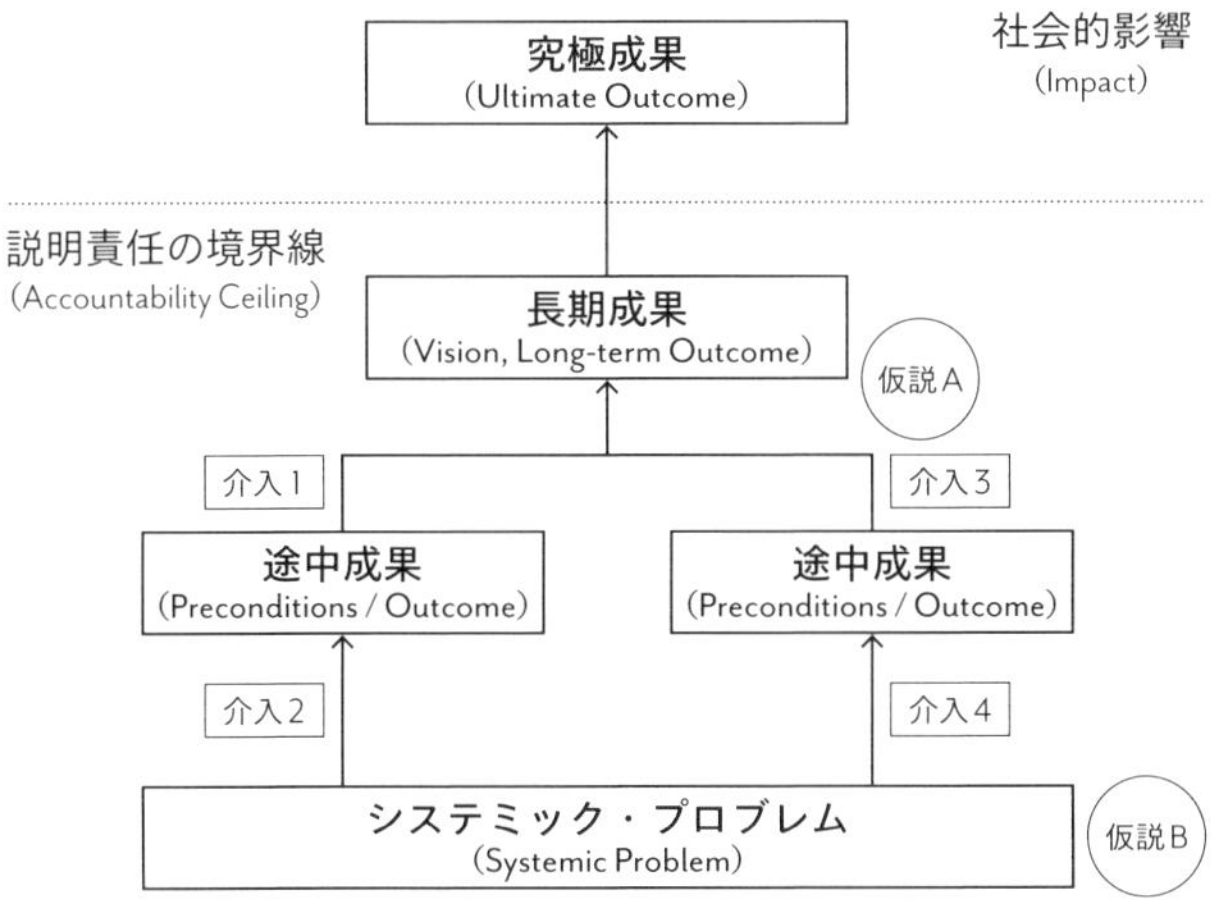

図35　評価のための可視化 ： セオリー・オブ・チェンジ

というものです。

実は、こうしたことを最も扱っているのは、経済学の金融分野ではなく、経営学の環境経営あるいは環境会計の分野です。[7] たとえば環境会計は、「企業等が、持続可能な発展を目指して、社会との良好な関係を保ちつつ、環境保全への取組を効率的かつ効果的に推進していくことを目的として、事業活動における環境保全のためのコストとその活動により得られた効果を認識し、可能な限り定量的（貨幣単位又は物量単位）に測定し伝達する仕組み」のことをいいます。[8] そういうインパクトを測ろうというところで取り組んでいます。しかし、経済学、特に金融分野ではそこまでまだ行っていません。

2―2 経済学から見たこれからの金融

では、経済学を使って「これからの金融」を表すとすると、どうなるでしょうか。先ほどのソーシャル・ファイナンスの図に似ているところがあるのですが、たとえば図36のようにできるのではないでしょうか。この図では、縦軸が社会全体の嬉しさ、効用、つまり社会的便益を表しています。理論的には社会的厚生関数に対応するものです。横軸は一人ひとりの経済活動をする人の嬉しさ、効用、つまり私的便益を表します。理論的には個人の効用関数で表されるものです。先にお話しした私的便益と社会的便益の2軸を考えるわけです。

これまでの金融は、横軸だけで、縦軸をあまり見ていなかったといえます。図37のように、横軸の真ん中に断絶があって、お金を出す人に私的な金銭的リターンが返ってくるかどうかという右側のところと、左側のお金の流れは別物でした。右側は、たくさんお金が返ってきそうなところ、資本市場

7 たとえば國部・伊坪・水口（2012）を参照。

8 環境庁ホームページを参照。

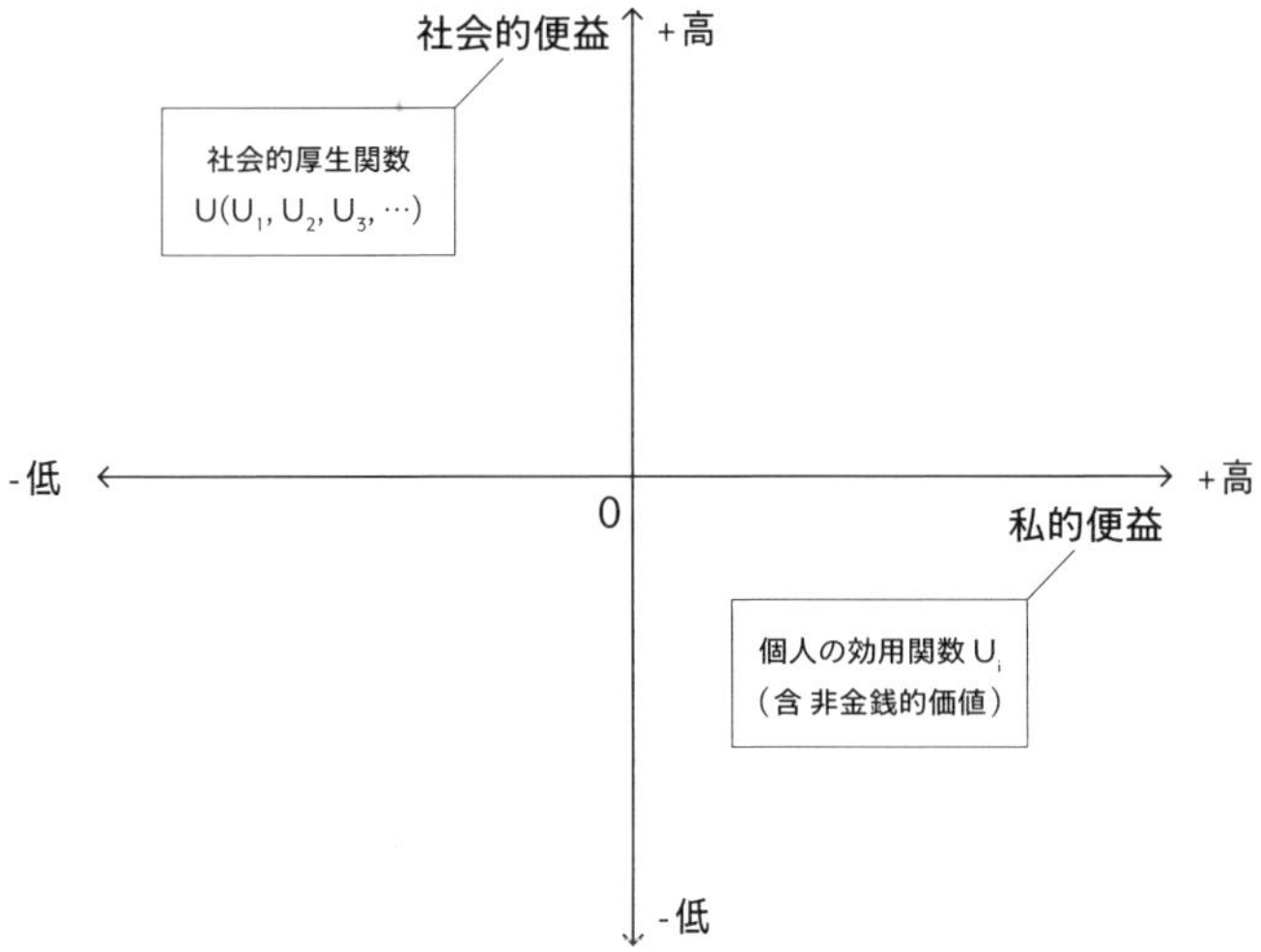

図36　これからの金融のモデル

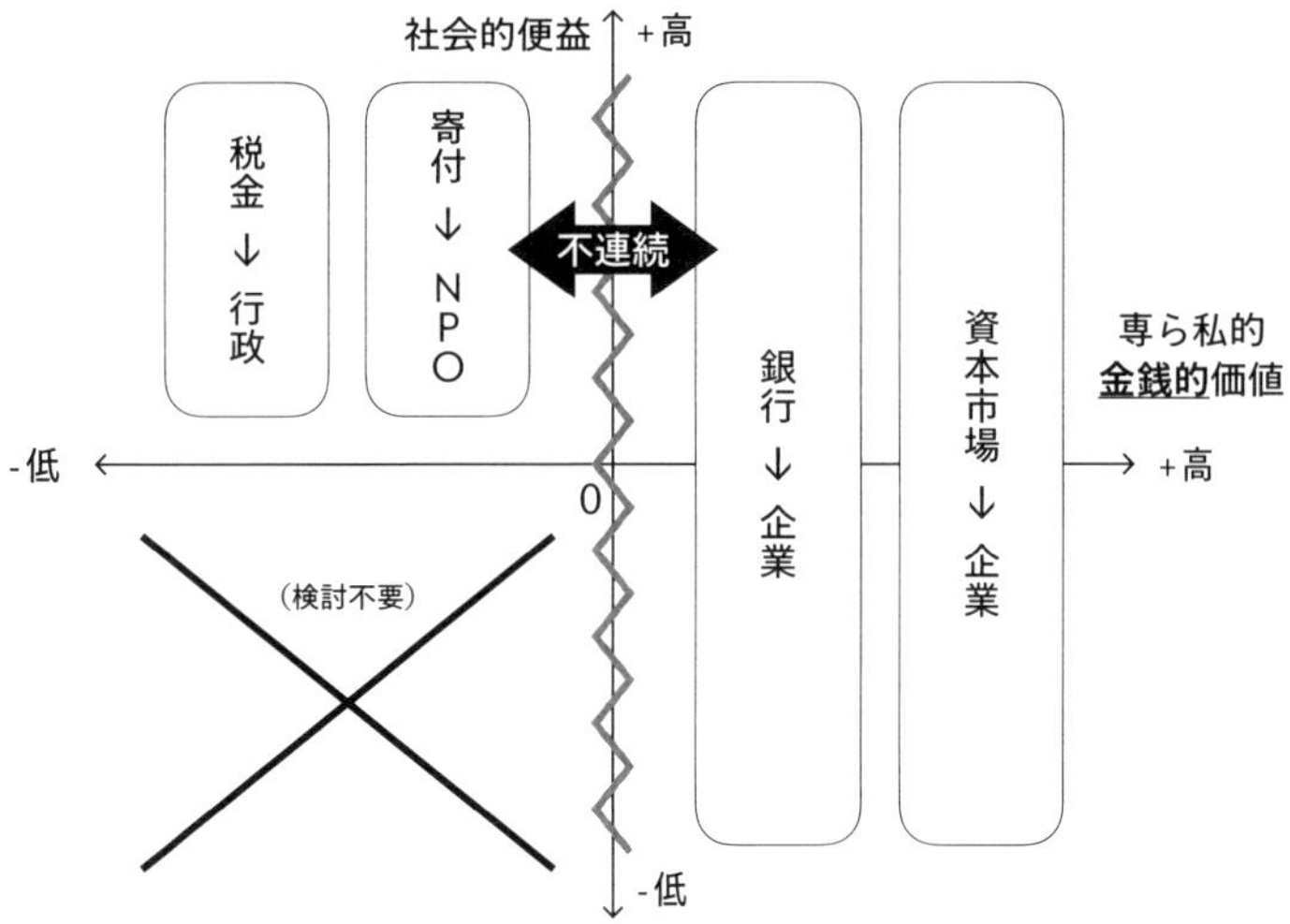

図37　これまでの金融の位置づけ

や企業が当てはまります。銀行などの金融機関もこちら側にあります。一方、儲からないところは全部左側で、寄付などです。あるいは、行政が税金を集めて事業をするのもここに入ります。なお、左下のほうは、そもそも考える必要がない部分になります。

ソーシャル・ファイナンスというのは、実はこの図に横串を刺した考え方だといえると思います。図38のようなもので、経済学における、私的便益と社会的便益の違いという枠組みでいうと、社会的便益を重視する考え方だと思います。

この枠組みを使うと、これまでの金融の限界、これからの金融が解決すべき問題としては、3つぐらいに分かれるのではないかと思います（図39）。1つ目は、価値が見えないために、なかなかお金が回ってこないという問題です。これは図の①の部分に発生する問題です。2つ目は、私的にはお金が儲からない、お金を出しても返ってこないので、お金が回らないという問題で、②の部分に発生します。社会的には大事なので、お金を回すべきところなのですが、儲からないからそこにお金が回ってこない、というものです。3つ目は、私的に儲かるから社会的に望ましくないところにお金が回る、という問題であり、図では③の部分に発生します。

①を何とかするためには、価値を見えるようにします。見えるようになると私的にも儲かることがわかるのでお金が回ってきます。事業として成り立つわけです。この「見える化」がインパクト評価であり、先ほど挙げたロジックモデルやTOCなどもその手法です。また事業などの成果、アウトカムを測る、あるいはエビデンス・ベースド（evidence-based）などといわれますが、たとえばCO_2がどれだけ減ったかとか、貧困がどれだけなくなったかとか、飢餓がどれだけ減ったかということを、データで可視化・評価して、そこにお金を付けようということも行われます。

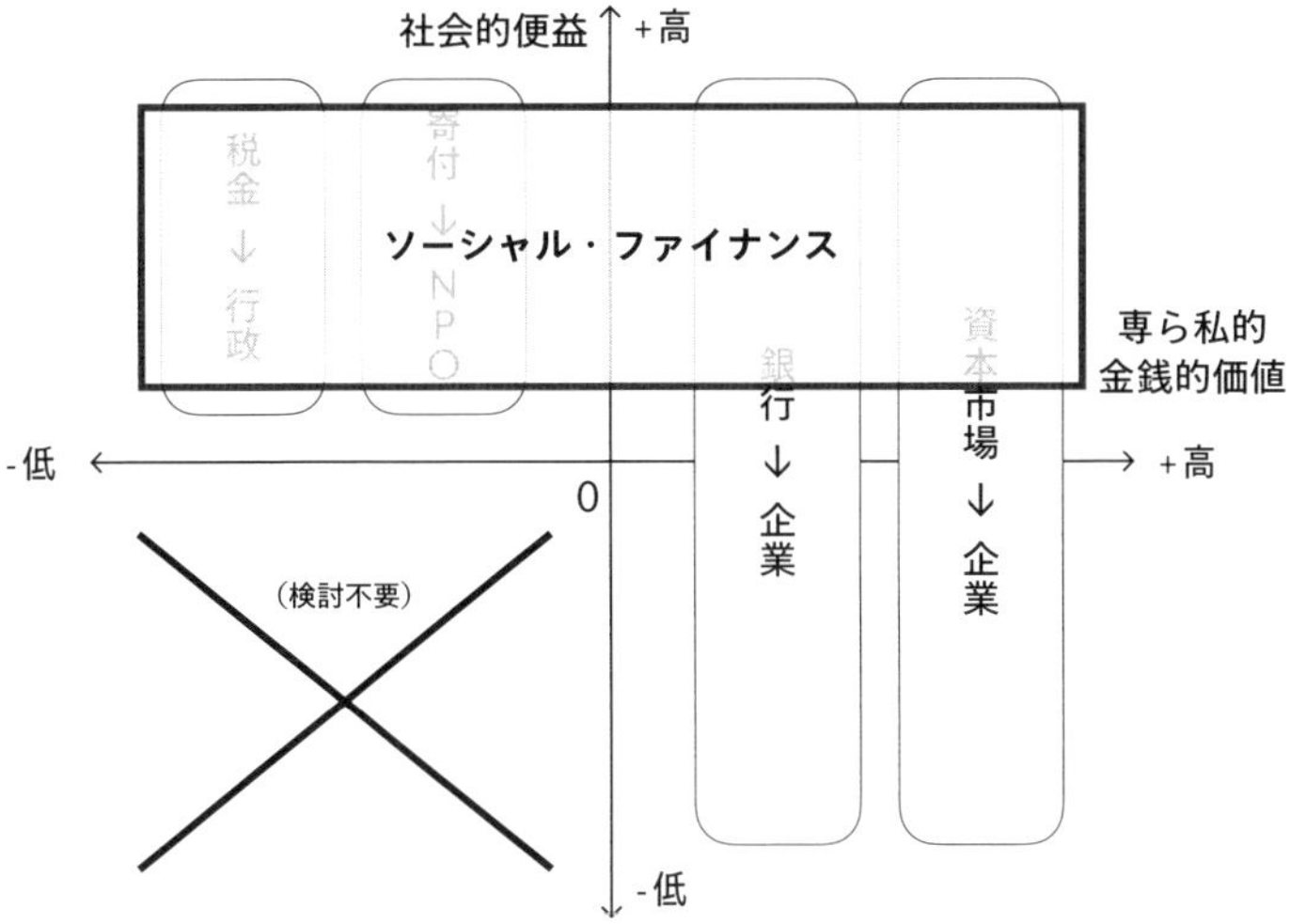

図38　ソーシャル・ファイナンスの位置づけ

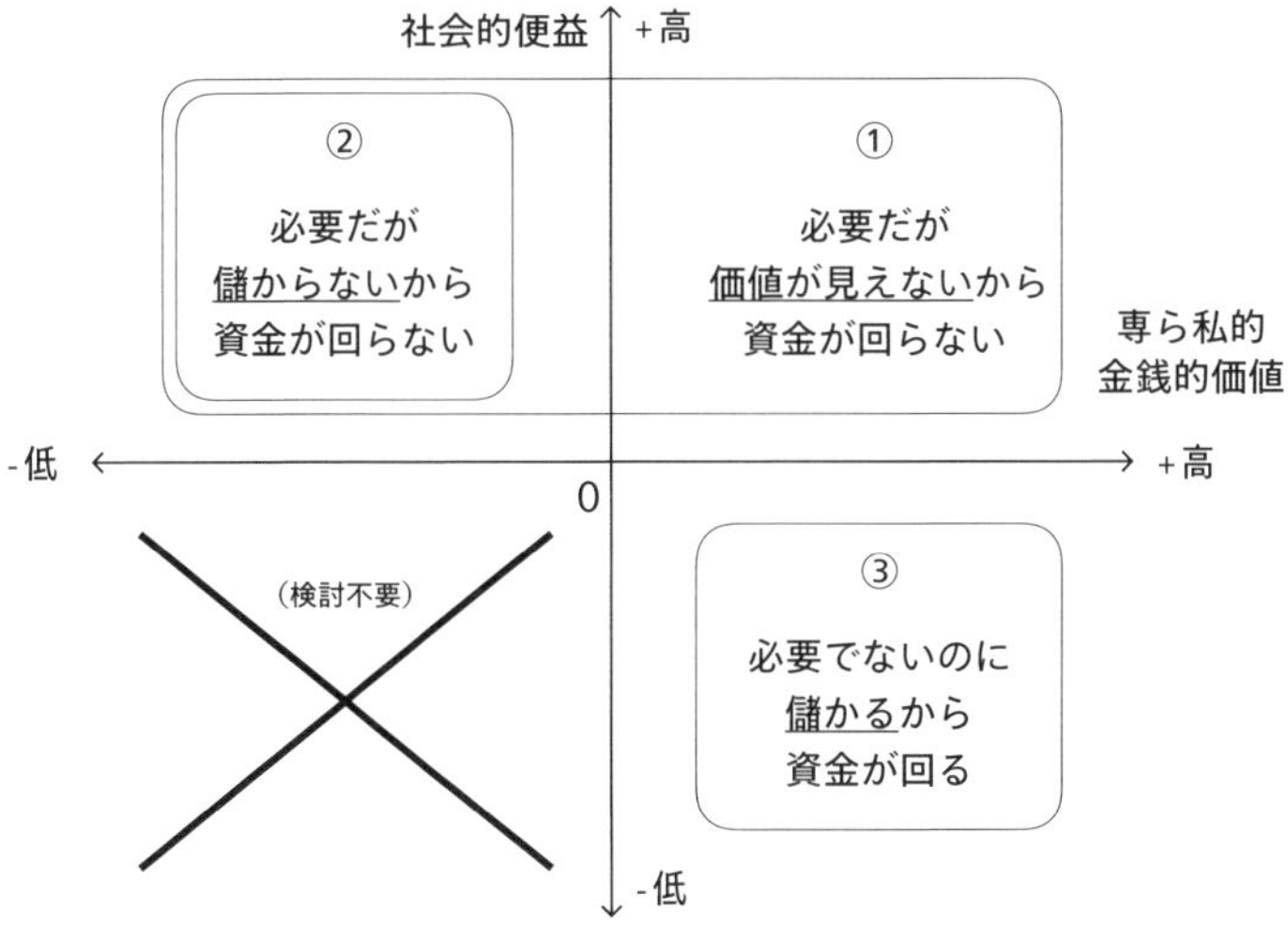

図39　これまでの金融の問題

このような活動は、経済学からすると、正の外部性を内部化している状況ともいえます。社会的価値があることをちゃんと表し、それ自体を私的価値化し、お金の流れを呼んで市場メカニズムの中で回してやろうということです。ここが、堂目先生のお話でいうと、共助が働くような社会かもしれません。ダイベストメントのほうは逆に、可視化によって③に資金を回さないようにして、負の外部性を内部化するという話といえます。

図40（pp.92–93）は、また違った角度からの説明で、銀行が果たしている役割に関して経済学が行っている説明を、ロジックモデル的に表してみたものです。銀行の役割は、お金を貸すこと、預金を預かること、送金したり決済したりすることなどです（図左側の「1 銀行行動」）。そうすると、銀行が作り出しているものは、貸出の額であったり、預金の額であったり、資金を動かした額になります（「2 銀行の生産物」）。そこから利息や手数料が入ってきます（「4 銀行のリターン」）。これが銀行行動のモデルになっています。こうした銀行の役割を、金融分野では銀行が金融仲介機能を発揮しているとか、決済機能を発揮しているというように表します（「5 銀行の機能」）。その結果、お金を借りた人がたくさん生産したとか、雇用が増えたり、経済が成長したりしたとかという、これは実体経済というのですが、お金の面だけではなくて実際の経済活動にも影響があります（「6 実体経済への影響」）。この辺りまでが経済学の金融分野、特に、銀行に関する説明でカバーされる範囲です。

しかし、これからの金融でいわれているのは、右端の部分（「7 社会・環境への影響」）です。社会や環境にどう影響しているのかというところも考えます。この右端まで考えるようになってきているのがソーシャル・ファイナンスだと思います。外部性の考え方でいくと、これは外部性の内部化の話であり、これまでは貸し手自身がどこにお金を回せばどれだけ自分の利益になるか、という、私的な利益追求だったのですが、貸した相手が社会的価値を追求しているか、貸し手の責任としてそこまで考えるような状況になってきていると考えられます。

3　経済学のアプローチの意義と限界

このように考えると、経済学でも社会課題の解決をかなり説明できるのではないか、ということになるわけですが、やはり限界もあるのではないかというのが私の考え方です。もちろん、限界だけではなくて、できることもたくさんあるのではないかということですが、そのあたりを整理してみたいと思います。

3—1　モデル化の意義

経済学に1番意味があると私が思っているのは、経済活動のモデル化です。現代の経済学で標準的に用いられているような厳密な数学的なものである必要はないのですが、たとえば図40のような経済の捉え方です。経済学の理論的アプローチを使うと、経済や環境、社会を含めて、全体としてどういう構造になっているのかということをモデル化できる、可視化できる、概念化できる、理論化できるということです。理論的把握について、経済学のモデルは結構いろいろなことができます。

モデルに表せると、どうあるべきかという議論、規範的な議論もできます。市場メカニズムはどこが良くて、どこが悪いか、何を補うべきかを考えることができます。それから、これは最近の経済学では失われかけているかもしれないのですが、長期的に、あるいは全体像を見ることができます。短期ではなくて長期、部分均衡ではなくて一般均衡です。このような見方ができるのは大きな強みです。

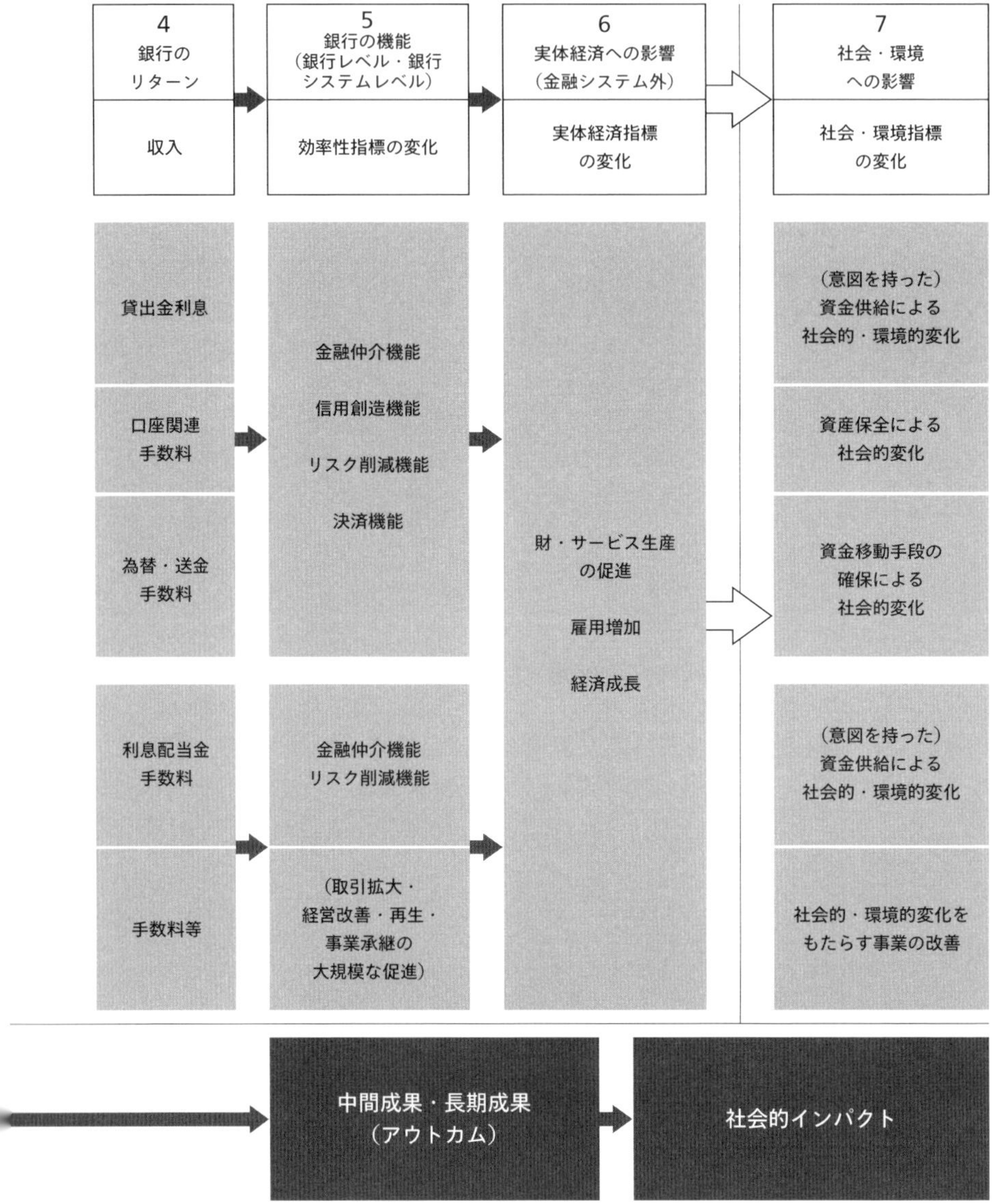
4
銀行の
リターン
収入
5
銀行の機能
（銀行レベル・銀行
システムレベル）
効率性指標の変化
6
実体経済への影響
（金融システム外）
実体経済指標
の変化
7
社会・環境
への影響
社会・環境指標
の変化
貸出金利息
口座関連
手数料
為替・送金
手数料
金融仲介機能
信用創造機能
リスク削減機能
決済機能
財・サービス生産
の促進
雇用増加
経済成長
（意図を持った）
資金供給による
社会的・環境的変化
資産保全による
社会的変化
資金移動手段の
確保による
社会的変化
利息配当金
手数料
手数料等
金融仲介機能
リスク削減機能
（取引拡大・
経営改善・再生・
事業承継の
大規模な促進）
（意図を持った）
資金供給による
社会的・環境的変化
社会的・環境的変化を
もたらす事業の改善
中間成果・長期成果
（アウトカム）
社会的インパクト

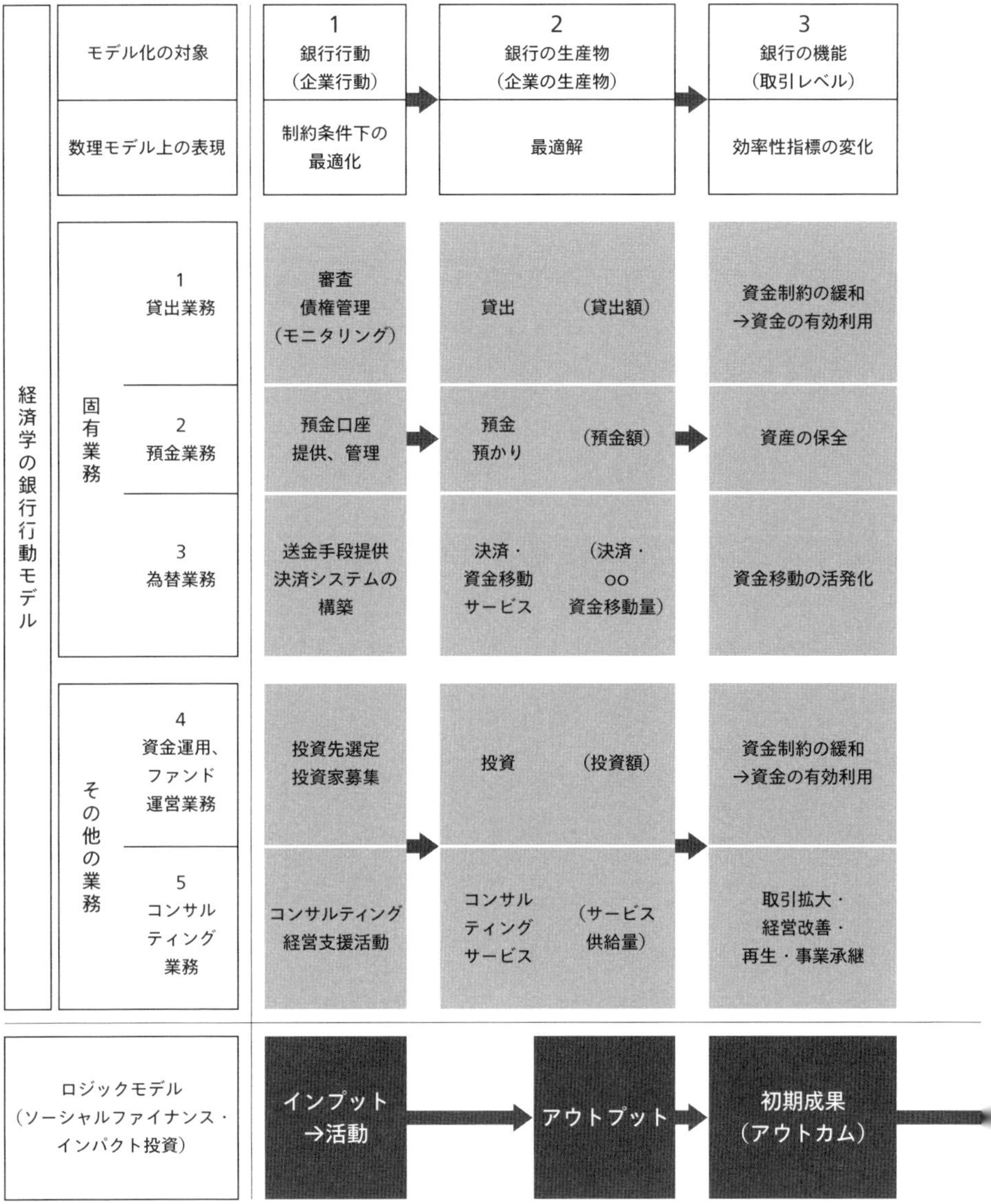

モデル化の対象
数理モデル上の表現
1 銀行行動（企業行動）
制約条件下の最適化
2 銀行の生産物（企業の生産物）
最適解
3 銀行の機能（取引レベル）
効率性指標の変化
経済学の銀行行動モデル
固有業務
1 貸出業務
審査 債権管理（モニタリング）
貸出 （貸出額）
資金制約の緩和 →資金の有効利用
2 預金業務
預金口座 提供、管理
預金 預かり （預金額）
資産の保全
3 為替業務
送金手段提供 決済システムの構築
決済・資金移動サービス （決済・○○資金移動量）
資金移動の活発化
その他の業務
4 資金運用、ファンド運営業務
投資先選定 投資家募集
投資 （投資額）
資金制約の緩和 →資金の有効利用
5 コンサルティング業務
コンサルティング 経営支援活動
コンサルティングサービス （サービス供給量）
取引拡大・経営改善・再生・事業承継
ロジックモデル（ソーシャルファイナンス・インパクト投資）
インプット→活動
アウトプット
初期成果（アウトカム）

図40　銀行行動のモデルと社会的価値の追求

とはいえ、最近の経済学はデータ・ドリブン（data-driven：データに基づく）というか、データで見える範囲ばかりを追っていて、そうでないところは見ない、という問題が出てきているようにも感じられます。ただし、こういう話は抽象的で、では実際の判断をどうやるのかということがわからない、といわれる方もおられるかもしれません。特に実務の方はそういうことをいいます。「定量化すると」「金銭換算では」とか、政策などは「実際の効果を見せて」などといわれるわけです。ただし、そうした話に行く前に、そもそもこの理屈というか、経済の全体像がわかっていないといけませんし、そうでなければ何を測る必要があるのかということもわからないと思います。

3―2　そもそも計測できるのか

では、その測れるかということについてはどうかというと、ここは確かに弱いわけです。実際に何をどう測れるかというと、概念的には効用関数で表せばよいのですが、そもそも効用関数とは何だろうかということになります。効用関数や社会的厚生関数に関する議論が経済学の中でもありますし、社会的費用とはどんな単位なのか、お金の単位なのか、本当にお金に換算できるのかといったことも簡単な話ではありません。

実は、環境というのは測りやすいのです。CO_2（温室効果ガス）が何トン出たかとか、円換算のようなことをしやすいわけです。客観的な数字ですからね。でも、たとえば他の分野、他の社会課題ではどうかというと、人の命が懸かっているようなところは簡単にお金にできませんね。お金にしようとしているところはあります。たとえば抗がん剤で、すごく効くんだけれどもとても高い、というようなものがあります。薬は市場で値段が決まっているわけではなく、法定薬価で政府が決めているのですが、その値段は一体それでよいのかというような話にもなります。

ただ、測れないものは現実の経済でも全く意味がない、というわけではありません。市場での評価、これは効用に基づくものですが、を集計することは可能です。測れないけれども皆が評価して手に入れたいものには価格が付きます。逆に、価格が付かず取引されないものは、市場では価値がないと評価されていることになります。もちろんこの評価は私的便益と私的費用に基づいているものですが。寄付やクラウドファンディングでお金が集まっているということも、そうした可視化というか、集計というか、見えないけれども大事だというものにお金を集める仕組みだと思います。

経済学の金融・ファイナンス分野では、実はこういう社会課題を測る、というようなところがまだまだ弱いのですが、たとえば社会的課題を扱う研究でも、課題自体ではなく、社会的価値を追求することによって、金銭的リターンは減っているのか増えているのか、もしかすると金銭的リターンと社会的リターンは両立するのか、というように、やはり金銭的リターン中心に考えています。少しだけ先を行っている論文もあります。[9] 金銭的価値だけでなく社会的価値も追求するベンチャーキャピタルがあります。スタートアップ企業に投資するファンドのことですが、そこに投資する投資家というのは、金銭的には安いリターンでも許しています。ということは、他のファンドの金銭的リターンとの差額の部分が社会的価値を表すわけです。その価値を測ろうとしています。ただし、社会的価値を扱

9　たとえば、Barber, *et al.* (2021) を参照。

っているものの、やはり金銭的価値に直したもの、ということになります。

社会的価値の可視化、計測が難しいのは、費用便益分析と呼ばれる分析で特に発生します。公共事業などでは、その事業を行う意味があるのか、というのをあらゆる事業で測ることになっていて、数字にして意味があると出たものしかやらない、そういう根拠がないとやってはいけないことになっているのです。その中で、便益の算定のところが非常に問題になるわけです。これは実は、去年のV.Schoolサロンで、神戸大学の工学研究科の小池淳司先生にお話ししていただいたテーマそのものなのですが、山奥の村に道を通すことの便益は何なのか、といったような話で、必要不可欠な道だとしても、交通量などからすると、便益はそれほど大きく出ないわけです。費用は簡単に出るのですが。そのやり方で、ちゃんと測れているのかということになるわけです。

3―3　計測の目的化

計測する上でのもう1つの問題は、測定される指標自体が目的になってしまうということです。大学の皆さんはＷｏＳ（Web of Science：論文検索のデータベース）論文という言葉をご存じかと思いますが、あるデータベースに載るような論文を書きなさい、それが何本出るかということを考えなさい、それがＫＰＩ（Key Performance Indicator：成果目標）になって、それを出さないと学部や大学にお金を回さない、ということになっているわけです。でも、本来の大学の研究は、別にデータベースに論文をたくさん載せてもらうことが目的ではなくて、世の中のためになる研究をすることだと思います。

指標の目的化は経営学で昔からいわれていることで、経済学に近いところでもマルチタスク問題といって、見える仕事と見えない仕事があると、(大事であっても)見えない仕事はみんなサボる、というのは簡単に示せるわけです。直感でもわかると思います。見えないところは置いておいて、見えるところの印象を良くするために、上司の覚えをよくすることしかやらなくて、無駄なコストがかかるわけです。

3―4　市場で集計された評価でよいのか

さらに、市場で価値が集計される、というところに関する問題があると思います。市場が多様な価値を集計して価格が決まる、といいますが、そもそも集計できるほどたくさん価値を感じる人が出てこないと、価格すら形成されないのです。逆にいうと、ごく少数の人にとってとても大きな価値があるようなものも、大多数の人が評価しないために、市場では取引されないかもしれません。

もちろん、市場において価格で価値を測るシステムは、人類の長い歴史の中で出来上がってきたものであり、万能ではないかもしれませんが一定の意味があるものです。堂目先生が自由な経済活動といわれたのも、こういうところも含んでの話だと思います。そこにうまく価値としてマイノリティや弱者の価値が表されるような方向にしよう、というのが堂目先生のお話だと思います。

3―5　あくまで効率性を見ている

最後に、経済学のアプローチの決定的な弱点は、効率性ばかりを見ていることです。ある人とある人の価値のどちらが大事か、どちらが公平に取り扱われるかということは、なかなか判断しにくいわけです。経済学にこうした判断をするための基準はないので、どこかから取ってくるしかありません。これは、堂目先生によると人間学が扱うものであり、それが必要だというのが堂目先生のお話だと思います。

とはいえ、これは効率性がダメだといっているわけではありません。効率性を考えることは忘れてはいけないのではないかと私は思います。私が非常に大事だと思っている研究で、名古屋大学の齊藤誠先生が書かれた論文があります。[10] 東日本大震災の復興予算の話です。私は阪神大震災を経験したのですが、そのとき政府は全然支援をしなかったのに、東日本のときは莫大な予算が付きました。被害に関する過大な推計に基づき、使われない予算ができて、無駄な使われ方をしたといわれています。その無駄な予算がなぜできたのかということを、生粋の経済学者である齊藤先生が書かれています。これは実はあまり経済学的な話ではなくて、政治的なプロセスが解明されているようなところもあるのですが、無駄にお金が付いていないかどうか、といったところを扱う上で、経済学はとても大事です。

繰り返しになりますが、効率性は、どの価値を追求する上での効率性か、ということが大事です。また経済学は、どのように無駄が起こるか、たとえば先ほどいった、指標が独り歩きして無駄が起こる、といったメカニズムを解明するのに非常に長けています。人々の行動を誘導する誘因（インセンティブ）が情報の経済学で扱われますし、心理的な要因、ナッジなどが行動経済学で扱われます。ただ、これらは非常に細かい話、ミクロ経済学的な話であり、部分均衡でしか扱われていない話で、なかなか経済全体の動きを説明するような一般化はしづらいところではあります。

ということで、ここまでが経済学の話で、その中で効率性と外部性の話ばかりしてきましたが、今

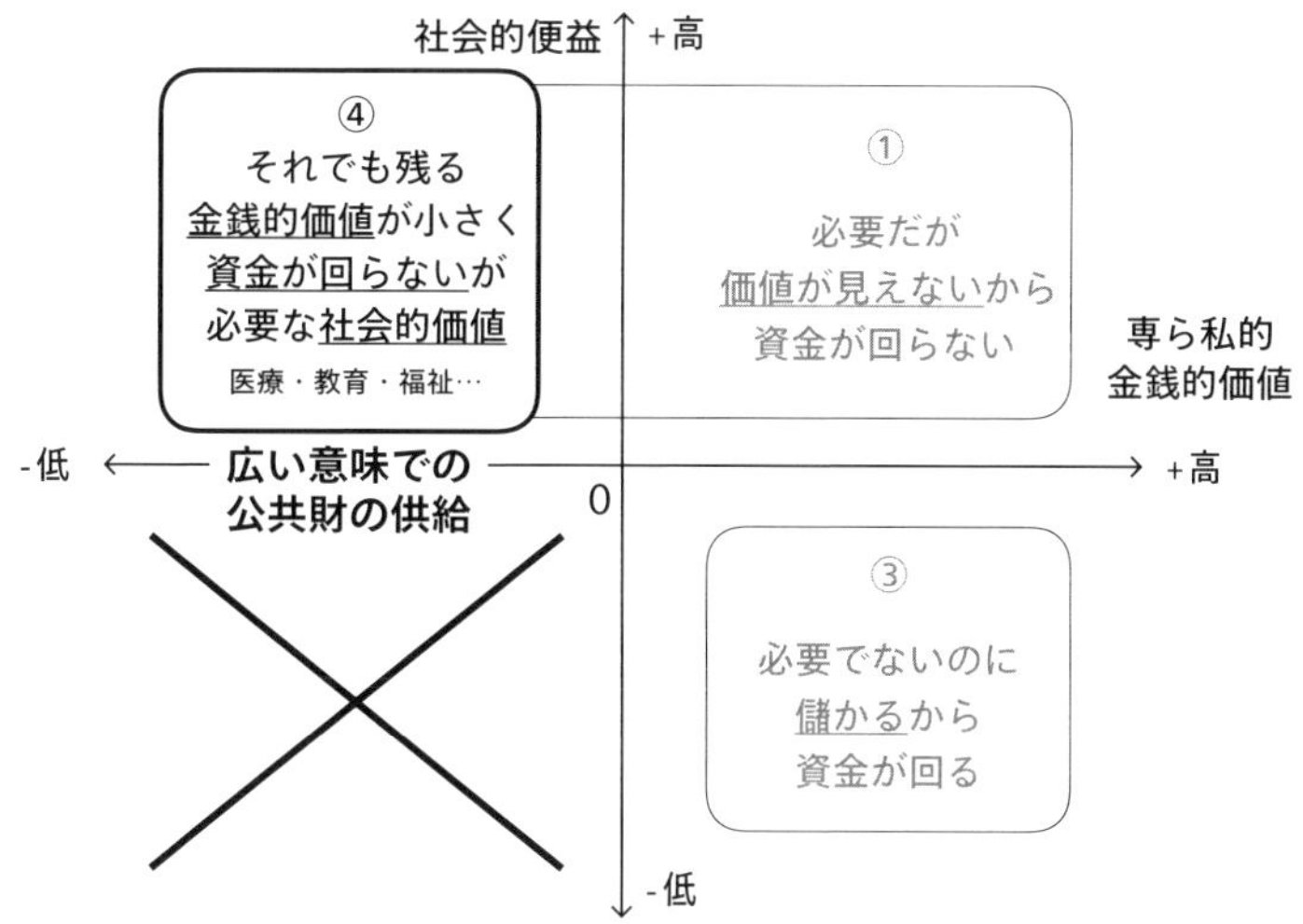

図41　社会的価値追及の限界

の流れで、社会課題の解決として社会的にいろいろ行われているのだけれども、とても大事なのに取り残されていると私が思うのは、図41の左上の部分です。いくら見える化して右上に持っていこうとしても、金銭的価値が小さくて資金が回らないものは絶対に残ると思います。そうした例は、新型コロナウィルス感染症においては医療者の負担としてよく見ましたし、教育についても最近は教育する側に対してお金が全然出てきません。教育を受ける側のお金ばかり出てきます。福祉に関しても同様です。これらは、価格がついて市場で取引されるような財ではなく、社会的共通資本と呼ばれることもあります。ソーシャルビジネスやソーシャル・ファイナンスなど、ビジネスで可視化して右上に持っていこうと

10 齊藤誠（2015）参照。

いうものは、あくまでビジネスの話で、要するに見える化してお金に換算して儲かるようにしようという話なのですが、そうではなくて、そのような形でお金にすることができない部分は絶対に残ると思います。ここは非常に大事だと思います。

そうなると、これは堂目先生の話にだんだん近づいていっているかもしれませんが、一人ひとりの人間としてできること、という話になると思います。一般のビジネスに関わる人はもちろんですが、ソーシャルビジネスに関わる人ですら、顧客（受益者）が少ないから、スケールしない（大規模に事業展開できない）からビジネスとしてやらないのだ、ということを簡単にいわれます。でも、こういうところ（図左上）を見ると、それでよいのかということです。そういってしまうのではなく、ビジネスとしてではなく、人としてやるべきことではないのか、を考えるべきではないかと思うのです。

関連してもう1つ大事なのは、政府の役割だと私は思っています。無理やり税金を集めて左上の部分をやるわけですから、そういう意味はやはり大きいのではないか。つまり、政府自身がやること、政府の役割は、ある程度再評価するべきではないかと思っています。それと、全く話は変わりますが、今日の話にも関わるのは教育です。今の若い世代はこれまでになかった教育を受けていて、社会のことを考える教育を受けているなと実感しますけれども、そういうものがとても大事だと思っています。

私がやっていることの中で、実はＮＰＯ法人の理事、というものがありまして、多胎育児、つまり双子や三つ子の育児の支援をしています。同じ年の子供が2人とか3人いると、兄弟と比べて格段に大変で、母親が精神を患ったり命を絶ったりということが相対的に多いのですが、それを支援する活動に取り組む団体の理事を務めています。これは、「人としてやるべきこと」だと思います。多くの人がこういうことを考え始めると、世の中も少しずつ良くなっていくのではないかと思います。実は、こうした考え方には心理学的なエビデンスがあって、ポジティブなことをする人のほうが幸せを感じているというのはよく知られているところです。

4　神戸大学V.Schoolでの取り組み

私の話をあと少しだけさせていただきます。なぜV.Schoolで私がこの話をしているかというと、私は自分でちょっと変わっていると思うのは、経済学者なのに、在外研究に行った際に、デザイン思考というものに触れて、持って帰って授業でやっています。こういうことができる経済学者はあまりいないのではないかと思っています。なぜこんなことをするのか、ということをよくV.Schoolの先生に聞かれて、自分でもなかなかうまく答えられなかったのですが、経済学にではできないものが多い、という、今日お話ししたことと関係しているように思います。経済学ができることとそうでないこと、他の分野でやってもらいたいことや他の分野の知見を取り入れてやるべきこと、といった分担を考えないといけないと思っていて、それが、まさに今V.Schoolでやっていることです。

関連して、デザイン思考では各分野の専門家と協働できる能力が大事である、とよくいいます。「T字型人材」などというのですが、Tの縦棒は専門的な能力・知識を、横棒は自分の専門以外の人とつながって協力することを表します。縦棒を伸ばす（専門性を深める）のは大事なのですが、それだけでなく、他分野を理解してつながる能力も伸ばし、高い専門性を持って他の専門家と協働できる人材を育成する、というのが目指すところです。実は私がしたいのはこういう能力の教育なのかなと考えたりしています。V.Schoolではプロジェクト型の授業（PBL：Project-Based Learning）もいろいろやっています。図42は、そんな授業の様子の紹介です[11]。

図42　神戸大学V.Schoolの授業風景

ということで、ちょっと長く話しすぎましたが、私のパートはここまでで、残りの時間をディスカッションにしたいと思います。

11　内田（2021）参照。

3 ディスカッション

堂目 内田先生には、金融や投資の話をしていただきましたが、私たちSSIでも、外部性の内部化や倫理的消費の研究を進めていますので、少し紹介したいと思います。研究の責任者であるSSIの伊藤先生に参加していただいていますので、後ほどお話ししてもらいます。伊藤先生、準備をお願いできますか。

内田 私も資料を準備していまして、堂目先生のお話を伺いながら書いたところもあったりして、似たところがすごく多いなと思いました。1番感じているのは、経済学というのは理念を示したり、理屈を示したりすることがすごく意味があると思っているのですが、実際にどうやるか、というところは経済学自体にはないのですね。それから、目の前の人を助けるようなことは経済学はどうも苦手なのですが、政府にこういう政策をやったほうがよい、大量のデータを取ってこういう効果がある、といったことは得意なのです。

こんなことをいっているのは、実は阪神大震災のときに私はボランティアをしまして、それは修士論文を出したすぐ後だったのですが、自分が大学院に入ってやっていたことは一体何だったのだろうということを考えて、それ以来ずっと同じことを考えているのですが、そこで他のアプローチ、他の分野のことをすごく知りたいというのが昔からあるのです。堂目先生は、そのあたりで何かお考えのことはありますか。

堂目

経済学の歴史を通じていえることは、そもそも経済学は独立した学問ではなかったということです。ですから、他の学問から切り離してしまえば限界があるのは当然です。もちろん精密性の点ではいろいろな手法が開発されて進歩しましたから、それは大事にしないといけないのですが、現実に向き合うときには、再び他の学問と一緒に考えなくてはなりません。規範の問題を考えるのであれば倫理学ですし、人間はなぜそういう選択をするのかを考えるのであれば心理学や行動科学です。最近では行動経済学という分野ができました。しかし行動経済学だけで現実問題がすべて議論できるかというと、それはまた限界があるわけです。

このように、経済学には限界があるのですが、もう少し広く考えると、学術にできること、あるいは研究者にできることにも限界があるのではないかという問題もあります。人文学・社会科学の中にも、文化人類学などフィールド調査を行う研究分野が数多くありますが、ではフィールド調査をしている研究者が社会課題を解決できるかというと、そうとは限りません。紛争地や被災地において現地の人に寄り添っているつもりが、そうは思われなかった、傷を深くしてしまったという話も聞きます。

机上の空論では限界があるのはいうまでもありませんが、フィールド調査などの実地調査にも限界があります。それぞれの学問の限界と強みは、学問の垣根を超えて現実に一緒に向かったときに見えてくるのではないでしょうか。その上で、さらに学術界と社会の間の対話を進めていかなくてはなりません。

SSIを始めて、社会課題の解決を実践している人と話すと、そもそも学術界には期待していないとか、「学者さんは苦手」という声を聞きます。学問を権威付けやお墨付きの「道具」としてしか見ていないという印象も受けます。学術と社会の関係のどこに問題があるのかを考えながら、学術にできることは何なのか、あるいは、してはならないことは何かを学問間の垣根を超えて社会とともに話し合う必要があると思います。

内田　一言だけ追加させてください。おっしゃることは、すごくそうだなと思います。今、科学哲学の本を読んでいて、そこにはまさにおっしゃるような科学と社会の関わりの話（科学社会学）が出てきます。[12] 実はこの本はV.Schoolの先生に教えていただいたもので、ここに来ないと出会わなかったものです。その本から、そしてその本を教えていただいたということから、科学

12　野家啓一（2015）参照。

というもの自体の位置付けや役割のようなことも知っていないと、学者は世の中とつながっていないということがすごくわかりました。それと、経済学者は本当に狭いところに閉じているなということを感じました。

堂目　ＳＳＩは学問、特に人文学・社会科学をどうしていくかを問いますが、より本質的な問題は社会をどうしていくかということです。今、社会が危機に瀕しているにもかかわらず、研究者が意識の面でも知識の面でもそれに追いついていないように思います。研究者は、研究者であると同時に社会を構成する市民であるわけですから、社会に空いた穴をふさぎにいく義務があります。その中で、学問の限界が見えてきたり、あるいは限界を超えて新しい領域が見つかったりするかもしれません。主眼は学問の未来をどう拓いてくかということではなくて、社会をどう救っていくかに置くべきだと思います。

ですから、研究者は学術にはなじまないような言葉や考え方、現象にも関心を持つべきだと思いますし、学問的な話を聞いてもぴんと来ない、響かないという人とむしろ一緒に話したり、活動したりすることが必要だと思います。難しいかもしれませんが、チャレンジすることが重要です。

では伊藤先生に倫理的消費について話してもらいましょう。

伊藤武志（大阪大学ＳＳＩ）　皆さま、初めまして。では簡単にお話しさせていただければと思います。私は銀行出身で、内田先生のような分野の先生がおられることを知るだけでとてもうれしいです。

ありがとうございます。

外部性の内部化や倫理的消費についてお話しします。15年くらい前に堂目先生と出会いました頃から、いつかはこういった動きになるだろう、そうなってほしいと希望していたことなのですが、そういう風が少し吹いているように思います。

まず、「買い手」の変化です。企業にとっての「買い手」としては、投資家も投資をして株主としての持ち分であったり債権を持つという意味で買い手、勤労者も働き場としての企業の買い手であり重要です。ただ、ここでは企業の商品・サービスを購入し売上高・収益というトップラインを作る付加価値の源泉という意味で購買者がとても重要なので、特に、買い手としての購買者に注目しています。

なお、ここで消費者ではなく購買者という言葉を使っているのは、購入する主体は消費者だけではないからです。ですので、ここでは倫理的消費ではなく倫理的購買というべきかもしれません。消費者というと、個人を中心として、商品・サービスを消費する主体のみをイメージしがちかと思いますが、商品・サービスを消費するのは個人だけではなく、企業も公共セクターも同様ですので、倫理的な購買を求められている主体には、個人だけではなく法人も含まれます。法人による調達も、公共調達も、社会にとってサステナブルであることが求められ、様々な調達基準もつくられています。消費者が倫理的な消費をしてくれないから、倫理的な商品を作らなくてもよいというロジックは通じなくなってきています。逆に、なぜ自分の会社・組織が倫理的な購買を行わないで、消費者に倫理性を求めるのか、という議論すらできるかもしれません。株式等の購入者である機関投資家にスチュワードシップコードが普及し、責任投資原則（ＰＲＩ：Principles for Responsible Investment）への署名も多くなっています。投資の世界でも、いわゆる消費者としての個人が倫理的になるのではなく企業・組織もそうなることがスタンダードになってきたわけです。企業・組織こそ自ら倫理的になり、また倫理的に購買することが求められ始めています。

もし、購買者が「良い企業」、たとえばＥＳＧ情報など何らかの基準において相対的にすぐれていると評価される企業が提供する商品を買うと、その「良い企業」の売上高・収益が増えて好循環になります。一方で、相対的に劣後する企業の商品が買われなくなると、その企業はビジネスをやめなければならなくなるかもしれません。あるいはビジネスから退出しなければならない状況を防ぐために、自分の企業のレベルを上げ、競争上劣位でないように、少しでも優位にしていくために行動する必要にせまられます（図43）。

ＥＳＧ情報が、より透明性ある形で買い手に見えるようになれば、このようなことが実現する可能性があります。また、売り手のＥＳＧ情報が買い手に見えるなら、売り手における働き方といった要素を買い手は知ることができ、改善点が見えたり、改善を求めたり、あるいは改善後の結果を評価することもできるようになるでしょう。負の外部性あるいは外部不経済の点から説明します。一般に、環境分野における負の外部性が知られていますが、その他の外部性として重要なものに、労働分野における外部性があります。たとえば、最低賃金以下の仕事を労働者にさせていたり、重労働をさせているような企業は、本来受け取るべきお金を払っていないという意味で労働者に費用を押し付けており、ここには負の外部性があります。ＥＳＧ情報の見える化が進み、買い手が良い企業を選ぶ購買意思決定をすれば、環境も労働も含めて負の外部性が改善される可能性があると考えています。そうすると、環境や労働という外部に費用を押しつけて低コストにすることでの低価格設定は困難になり、正当なコストを乗せた適切な価格設定が促されます。それによって商品市場における市場価格がより適正となります。それは業界全体で労働環境を含めた社会環境、自然環境負荷も改善することでもあり、資金的時間的にも余裕が生まれイノベーションを生む土壌にもなると考えています。

これはインフレーションをもたらすことにもなります。しかし、働き方や環境負荷が改善することを伴ったインフレであれば、それはただ支払いが多くなることだけを意味しません。これこそが健全なインフレであり、われわれにとって社会にとって歓迎すべきことだと考えています。

さらには、購買者が良い企業の商品を購

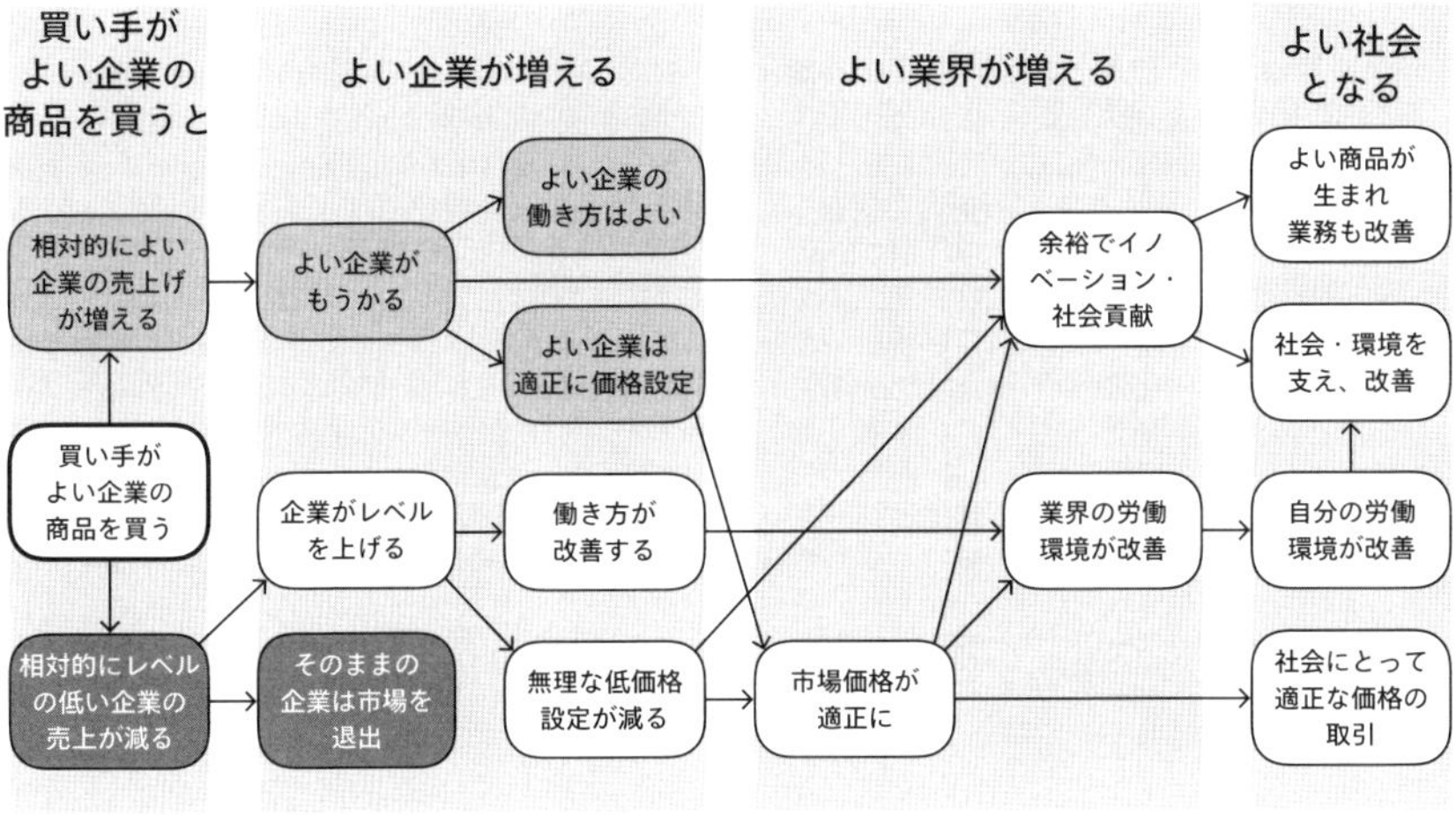

買い手がよい企業の商品を買うと
よい企業が増える
よい業界が増える
よい社会となる
相対的によい企業の売上げが増える
買い手がよい企業の商品を買う
相対的にレベルの低い企業の売上が減る
よい企業がもうかる
企業がレベルを上げる
そのままの企業は市場を退出
よい企業の働き方はよい
よい企業は適正に価格設定
働き方が改善する
無理な低価格設定が減る
市場価格が適正に
余裕でイノベーション・社会貢献
業界の労働環境が改善
よい商品が生まれ業務も改善
社会・環境を支え、改善
自分の労働環境が改善
社会にとって適正な価格の取引

図43　「買い手」が良い企業の商品を購入する結果生まれるもの

入した結果として、自らの労働環境が改善することにまでなれば、当然自分の生き方に余裕も出てきますし、自分の購買の意思決定によってそれが起こったとなれば、、自分の力で自分も含めた企業や社会によい影響が与えられると思えるようになり、、購買者の力はさらに増していくことと思います。そういった行動への共感が広がり、市場に起こる共創あるいは市場における共助がさらに広がることで、市場自体が良いものになっていくと考えています。私たちはこのようなことを望んで行動しています。

人間にとっては、価格と商品という情報のみで購買判断してきた時代が1万年も長く続いてきたわけです。ＥＳＧ情報は、株式公開企業で統合報告書を発行しているといわれる７００社、あるいはプライム市場１８００社のような企業はかなり開示しています。今後、株式公開企業が開示した情報を活用してＥＳＧ情報を使った購買をしやすくし、さらにより広い企業にも広げていきたいと考えています（図44）。

現在、投資家視点ではなく、様々なステークホルダーから見た情報を提供するための制度や仕組みが生まれています。B-Labの「Ｂコーポレーション認証」、内閣府の「地方創生ＳＤＧｓ登録・認証等制度」、一般社団法人日本エシカル推進協議会（ＪＥＩ）の「ＪＥＩエシカル基準」、国連開発計画（ＵＮＤＰ）の「企業・事業体向けＳＤＧインパクト基準」、一般社団法人ソーシャル企業認証機構の「ソーシャル企業認証制度」（通称「Ｓ認証」）、消費から持続可能な社会をつくる市民ネットワークの「企業のエシカル通信簿」などの仕組や制度が生まれています。私たち大阪大学ＳＳＩは、市民・ＮＰＯの集まりが推進されている「企業のエシカル通信簿」を応援しています。

以下で説明しますが、この「企業のエシカル通信簿」におけるESG情報の診断票を使って、ESGの平均レベルと自らのレベル、あるいは自らの目標とするレベルをきちんと把握して改善するような企業行動を促そうとしています。株式公開企業の場合は多くのESG情報が開示されているので、情報収集を行えばそれらの情報を把握でき比較もできるのですが、株式非公開企業については、情報開示がそれほど行われていません。しかし、そこには極めて多くの企業が存在します。そのため株式非公開企業の開示も促したいとは考えていますが、それよりも、それぞれの会社自身のESGをレベルアップすることが、長い目で見て自社のためになると申し上げています。すなわち価格競争と商品の品質競争だけではなく、会社のESGの品質競争をしてもらうことです。自社のESGを自己診断しつ

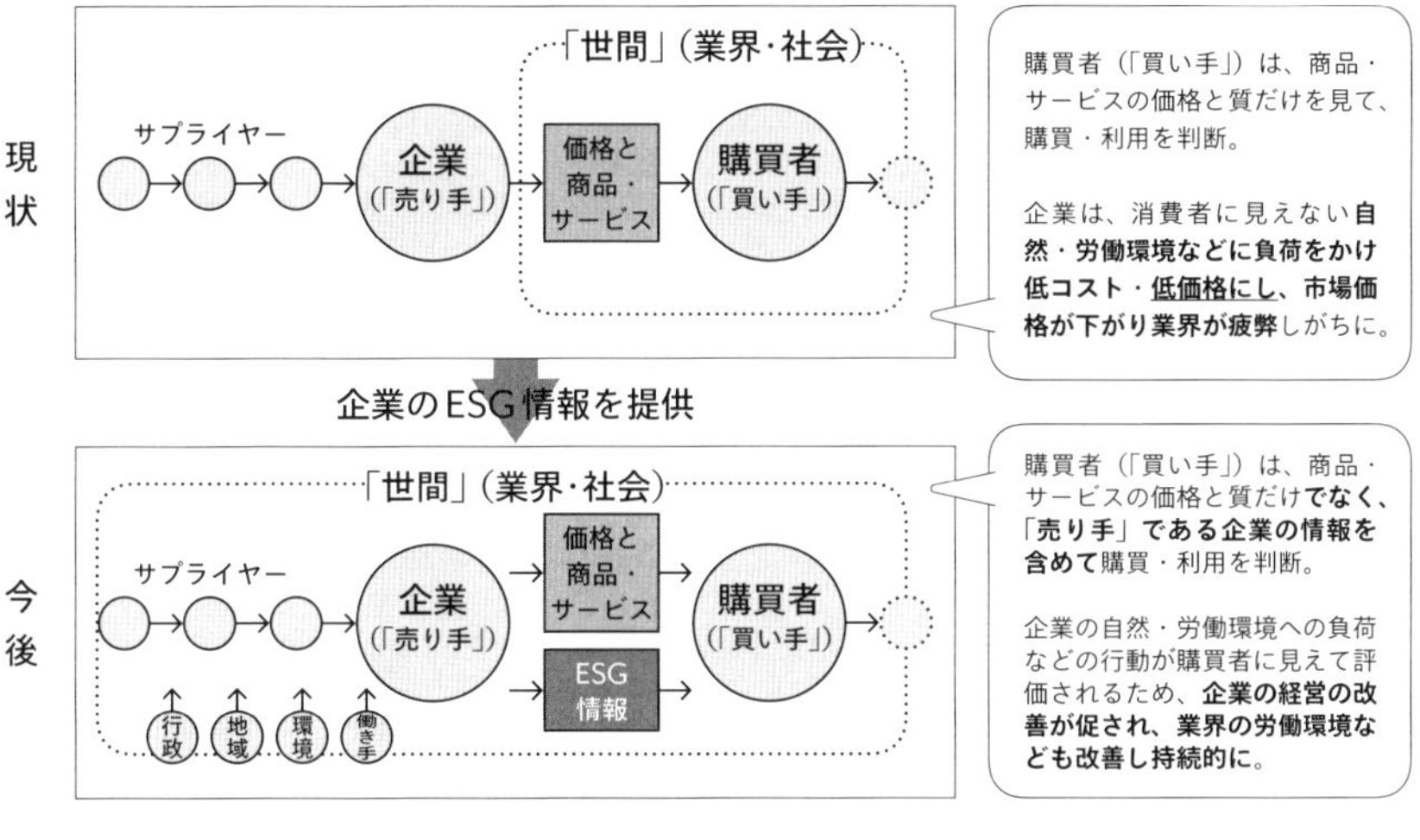

図44　価格と商品・サービスだけでなくESG情報で購買行動が行われる社会へ

つ、その情報をお借りして、多くの会社の間の平均値を出してベンチマークできるようにしたいと考えています。業界ごとの平均値をベンチマークにして、自分たちと比較して、それを一種の目標として改善することによって、それぞれの企業がＥＳＧのレベルを上げていけば、結果として業界全体のＥＳＧレベルが向上することになります。購買者がその情報によって購買意思決定をしなかったとしても、企業の自主的な切磋琢磨の中で業界、そして社会全体が良くなります(図45)。

こんなことを仕掛けています。売り手側と買い手側両方の動きを、良い市場づくりを促進するために応援しています。

内田　ありがとうございます。

堂目　以上の取り組みをＳＳＩでは、「共感資本

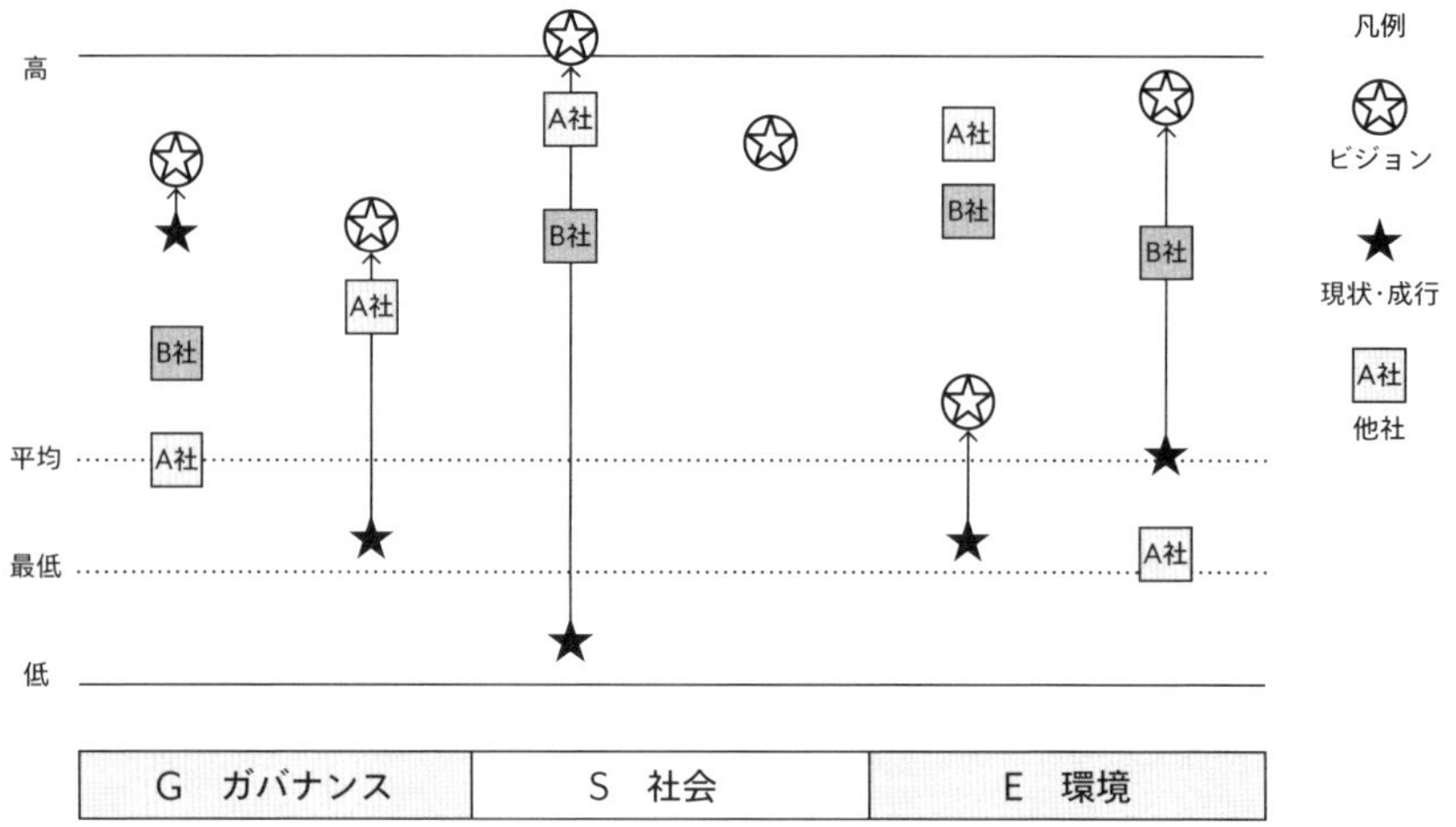

図45　ESGの評価・比較で切磋琢磨し、業界・社会のESGを向上させる

主義」と呼んで、指標づくりを企業にも参加してもらいながら始めています。社会的に良いインパクトを与える企業が生き残っていけるように指標を変えていこう、見える化しよう、そして消費や購買の行動を変えていこうというものです。

参加者C　堂目先生、ですが、助けを求めている人たちはどうしても声を上げにくいと思うのです。それをどのようにして声を拾うのでしょうか。というところがまず1点です。それから、教育のところで、こうして社会的な課題に対して経済的価値に向けてファイナンスなどを入れていくという動きがあるということでしたが、内田先生のほうから効率性というお話があったのですが、ＳＤＧｓが２０３０年といっていて、２０１５年からもう7年経ってしまったのですが、こういった時間的な軸、社会課題をいかに加速させて解決させていくのかというところについて、うまく経済学的に、何となくのシミュレーションだけでないようなところで取り入れられるような可能性がないのだろうか、というところで、感想と質問です。

堂目　声なき声をどうやって聴くのかという質問ですね。これは大変重要で、まずは様々な場を作って様々な方に来ていただいて声を出してもらうしかありません。大阪・関西万博でも、「いのち会議」を開いて、「いのち輝く未来社会のデザイン」について話し合う予定ですが、有識者や企業人、ＮＧＯ、行政関係の方がたに来ていただくだけでなく、大学生、高校生、中学生、小学生という、次世代の人たちにも来ていただいて、自由に議論してもらうことを計画しています。この活動は万博が終わった後も続けていきます。こうした取組を進めるときに、声の大きい人たちだけの声だけではなくて、声の小さい人たちの声を聴こうとする仕組みを至る所につくっていくことが重要だと思います。

たとえば、ＳＳＩは博覧会協会が進める教育事業の中の「ジュニアＥＸＰＯ ２０２５」に協力しています。これは、未来を担う子どもたちが、万博に向けた取り組みに参加し、ＳＤＧｓについて学び、「いのち輝く未来社会のデザイン」のためのアイデアを考えるプログラムです。小学校と中学校の教員が、総合学習等の授業時間約10時間を使って、万博やＳＤＧｓに対する理解を深めるための授業を行います。また、ＳＤＧｓに取り組む企業が、自分の会社の取り組み内容を発表し、子どもたちがその取り組み内容に対してオンラインで質問するなどの交流をします。そして最後に子どもたちが学んだ成果をポスターなどにして発表します。実は、授業で使われる学習読本の監修に私や伊藤教授が関わらせていただき、「取り残されている人」をそのままにしない「取り残さない人」になることによって、自らのいのちを輝かせることができ、すべてのいのちが輝く社会を創ることができる、このことを子どもたちに理解してもらえる内容になるよう努めました。子どもたちから上がってきた「小さな声」はポスターになって「ジュニアＥＸＰＯ ２０２５」のホームページに掲載されています。是非ご覧ください。

内田　私も実は1つ目にも関係することですが、声なき声ということについては、最後に詳しくお話しできればよかったのですが、私がやっているデザイン思考というのは、まさに声なき声を聞くというところに向いているものです。元々は消費やサービスの開発に使われてきたもので、それを社会のデザインで使おう、というようにだんだん変わってきているものなのですが。社会において課題があるときに、その課題を抱えている人の立場になって話を聞いて、本当の課題は何かということを確かめて、それを解決する方法を考えるというのがデザイン思考のアプローチです。

それは、たとえば行政サービス、自治体のサービスに弱者の声を取り入れたり、本当に必要とされているサービスを提供したりするために必要なのです。私がV.School客員准教授の砂川洋輝先生と一緒にやっている授業がそれでして、そういうスキルのようなものを行政の方に持っていただくことはとても大事だと思ってやっているところがあります。営利目的の企業だとお金が勝手に付いて、たくさんのリソースでできると思うのですが、私はそういうところのほうが大事かなと思っています。

2つ目のご質問に対する答えは、実は経済学が1番弱いところだと私が思っているところで、理屈は示せるのだけど、どうすればよいかというところがすごく弱いのです。具体策でいくと、人々の認識を変えたり、ESGに目を向けるような人を増やしたりすることが必要だということで、これはSSIで取り組まれていることとも近いと思うのですが、そういう流れをどう生み出すかというところはなかなかいえないのだけれども、それに近づける必要があるということをいい続けることはできます。

ただ、ESGやエシカル消費などもそうですが、やはり市場メカニズムに乗る範囲のことしかできないと思うのです。それでも解決できないところがあると思います。もちろんそういったことをやっていただくのはとても大事で、ビジネスの発想で、大量に効率的にやることはすごくできると思います。それはどんどんやるべきだと思うのですが、そうでないところも考える必要があると思っている、というのが今日のお話です。

そこで1番大事なのは、経済学とあまり関係ないのですが、教育が大事だと私は思っています。しょせん私ができることの中で1番大事で、意味があると思っているのは、学生に対する教育です。学生に対しては、勉強もちゃんとした上でデザイン思考をするということ、実はデザイン思考には小さな子どもたちにすごく受けてもらいたいと思っているのですが、今の子どもは社会のことを考えるような教育をちゃんと受けてきているので、それを使えるように、実社会で問題解決ができるようにすることは実は非常に大事だと思っています。そういうところでは私は研究よりも教育に力を入れているところがあります。あまり経済学からの答えではないのですが、それが私からの答えになります。それで答えになっていますでしょうか。

参加者C　ありがとうございます。小さい子への教育というのはすごく重要だと思います。

内田　ありがとうございました。他の方、いかがでしょうか。

鶴田宏樹（神戸大学V.School）　お話を聞いていて、非常に感銘を受けたところや興味深いところがたくさんありまして、今考えていることのコメントをいただきたいと思ったのですが、私自身は最近、vulnerability（脆弱性）と問題構造というところに非常に関心を持っています。もう1つは、V.Schoolというところで、いろいろな学問の分野の人たちが集まっているところに興味を感じたときに、堂目先生のお話を聴いていてふと思ったのは、私も農学部出身で、農業の活性化や農村問題は非常に関心があるのですが、農学部を出ると、農学という目線で何か解決したいと思うときに、問題自体も農学の目線で見てしまっていることが実は大きな問題ではないかと思い始めたのです。

脆弱性を持つところというのは実は非常に複雑で、いろいろなものが関わり合っている中で本当の問題解決をしようと思うと、どこが脆弱なのかというところを見極めなければなりません。そのときに農学というフィルターをかけて見てしまうと、農学的な問題しか見えなくなっているのではないかと思っています。逆に、先ほどの経済学の話を聞いたときに、いろいろな分野にわたる経済学があるにもかかわらず、経済学をもっても問題解決になかなか踏み込めないとすると、ひょっとすると問題の捉え方が、学問的にはよいけれども、実際社会の問題の捉え方というところでは、間違っているわけではないけれども非常に狭いところを見てしまっているのではないか思うのです。

堂目

ありがとうございます。専門のフィルターをどう取るかというのは、ＳＳＩが文科省から委託されている事業「人文学・社会科学を軸とした学術知共創プロジェクト」のコアになる問題です。新しい技術の開発や応用の現場では、開発のための専門知識を集積するけれども、それが人間や社会にとってどんな意味や価値を持っているかということは置き去りにされているのではないでしょうか。本当は必要だと思っているけれども、そこに人文学や社会科学の専門家を呼んでも、いうことがばらばらだし、あいまいでよくわからないし、混乱させられてしまうので、結局、全体に影響しない部分については参画してもらうが、根幹にかかわるところでは期待しない。これでよいのかということです。

これでよいのかというは、学術の在り方としてよいのかということと、社会としてよいのかということがあります。放っておけば、経済の効率性だとか、科学の進歩だとか、国力の増強だとか、「有能な人」の価値観に引っ張られてしまい、脆弱な人びとを取り残してしまうかもしれません。こうした傾向をきちんと見て、発言しなくてはならないのではないか、それが人文学・社会科学の役割ではないかということです。

農学に限らず、研究者はそれぞれの専門のフィルターをかけて見るくせがついているので、そのくせというか構えをどうやって解いてもらうのかが重要です。構えは、その分野の伝統や用語法からなっているので解くのは大変です。たとえば、「正義」といったときにも、経済学で考える正義と、哲学でいう正義と、現場の人たちがいう正義とでは定義が違っています。他方、自然科学では、言葉は基本的に一致しています。たとえば「量子」といったら1つの定義しかありませんよね。同一の定義のもとで、その概念を使っていろいろ探究し、新たな発見をしていくのが自然科学の知の作法だと思います。他方、人文学や社会科学の世界では、言葉の持つ定義やイメージがそれぞれ異なっており、議論を通じてその違いを認識し、それぞれの学問が自分の言葉の使い方、あるいはものの見方が特殊なのだということを知る。さらには、現場の人も加わって、自分たちの考え方が我流だった、あるいは思い込みがあったなどと気づく。こうしたあいまいな言葉の世界での「気づき」をいわば永遠に回らなければならないのです。

しかしながら、少しの「気づき」でも、それぞれが持ち返れば、それまでとは違った見方で取り組むことができるかもしれない。そこに学際的な場、現場との共創の場の意味と実効性があるのではないでしょうか。それまでの取り組み方や、もとになっている意識の変容が何のおかげかはわからないけれども何かが変わった。その積み重ねの中に、学術界にしろ、現場にしろ、新しい領域に向けて展開する可能性が生まれる。多様な人々が1つのグループを作って社会課題を解決してみせるのが理想的ですが、たとえ一体となって解決できなくても、それぞれの人の取り組み方がビフォアとアフターでは変わっていて、その変化の集積が全体として新たな展開を呼び起こしていく、それでもよいのではないかと思います。

鶴田　ありがとうございます。

内田　鶴田先生がいわれたのは問題の捉え方の話ですが、別にそれに限らず、あらゆるものでいろいろな研究分野それぞれの強みがあって、それぞれのバイアスでもあるわけですが、それを横につなげて、いろいろ新しい解決を考えていくことが大事だということで、それが先ほどの「T字型人材」です。Tの字の縦軸が専門性の深さ、横軸で他の専門とつながれる力、ですが、横は心理的なつながりかもしれませんし、チームワークかもしれません。そういうものをデザイン思考は涵養するというのですが、私がいっているのはそれだけの狭い話ではなくて、鶴田先生がいわれるような、自分の分野の狭さもわかった上で、他の分野のことを知ろうとしたり、言葉遣いが違うということを理解して、ではどこで一緒にできるかということも考えたいということです。そうやってもできることは少ないかもしれませんが、堂目先生がいわれていることとも非常に重なると思いました。

それでいくと、今の経済学は本当にパラダイム化していて、それで捉える範囲が狭いということと、もう少し広い意味での経済学にすると、捉えられる範囲は堂目先生がおっしゃったようなことまで含めてかなり広がるのだけれども、それでも狭いところはあります。だけれども、そうであっても捉えられることに意味はあると思うので、他の分野と一緒になるということがすごく大事だと思います。

それから科学の話でいくと、先ほどの科学哲学の本ではまさに最初に書いてあるのですが、20世紀以降は科学と技術の境界が曖昧になってきています。だから、科学がだんだん、自然科学寄りなのかもしれませんが、技術的な方向に行っているのだけれども、それは堂目先生の話でいくと人間学が失われてきていることに対応する話でもあると思います。逆にそこを戻すことが必要なのかなという気がします。それを社会が求めているかどうかというのは問題かもしれませんが、そういう努力をすることが大事だということを訴えていくことが大事だと思いました。

他の質問が1つ、チャットに来ています。ちょっと時間を超えていますが、せっかくなのでよろしいでしょう。ＳＤＧｓがチェリーピック（いいとこ取り）をしているかという質問です。私の意見は、指標化したことの問題、計測の問題ということとも関連があると思うのですが、自分の都合のよいほうにもっていって、私的利益の追求をするような人はいると思うのです。ＳＤＧｓも、金融の分野でいえば、地域経済振興のような、世界的にＳＤＧｓといわれるものの中に入っていないのだけれども、日本固有の問題である地域の衰退や少子高齢化を入れていますし、まあそれは良いことかもしれませんが、しかし金融庁などがいっている地域の課題解決のようなものは、地域金融機関を守れという狭い話になっていたりするのです。そういうのはチェリーピックという話に近いと思ったりします。あとは、環境関連のＳＤＧｓやＥＳＧ投資というときには、グリーンウォッシュといって、実際にはそうでないのにCO_2が減っているかのように取り繕っているところがあるのではないかという話があって、そういう問題が常にあるのではないかと思っています。

堂目　ＳＳＩを立ち上げたのは4年前の２０１８年だったのですが、最初はＳＳＩの諸活動をＳＤＧｓと関連付けていませんでした。ＳＤＧｓを達成するための組織ではなかったからです。大阪・関西万博も、まだ来ることが決まっていなくて、特に関わろうとは思っていませんでした。

　ＳＤＧｓの前身は２０００年のＭＤＧｓですが、それは発展途上国の貧困対策を主な目的にしていました。ＭＤＧｓに環境問題が合わされて２０１５年のＳＤＧｓになったといわれています。いずれも国連主導で決められ、各国に降りてきました。ＳＤＧｓにはコンテンツとしてそれで十分なのか、決め方のプロセスは適切なのかという問題があると思います。企業や大学などの側にも、現在やっていることを結び付けるだけの「ウォッシュ」になっていないか、さらにはＳＤＧｓを使って自己利益を増進させようとしていないかという問題もあります。私もいろいろと考えましたが、ＳＤＧｓの欠陥を「やらないこと」の理由にしてはならないという結論に達しました。

　重要なのは、ＳＤＧｓが「誰一人取り残さない（leave no one behind）」を謳っていることです。この理念を基にして、自分たちでＳＤＧｓをもう一度吟味して、やれることをやっていこう、万博もそのプロセスの中に取り込んでいこうと考えました。いろいろ大変なことがあるとしても、それでも市民の声、声なき声が集まるグローバルなプラットフォームを創るためにＳＤＧｓに貢献しようと考えました。

２０３０年には国連でＳＤＧｓの次のゴールができます。最終的には国連で決めることになるとしても、次のゴールはもっとグローバルな市民の連携で、ボトムアップで、声なき声も聴きながら作ってはどうかと思います。これから8年半ありますから、この点で国連に何かインパクトを与えられるようなことができないか、このことも万博の「いのち会議」で話し合う予定です。関西ＳＤＧｓプラットフォーム・大学分科会でも、ＳＤＧｓと万博について議論し、様々な大学、そして大学以外の組織が協働して取り組む仕組みができています。大阪大学が事務局をしていますが、神戸大学にも中核組織として協力していただいています。

内田　ありがとうございます。経済学の役割は、確かにここにありそうですね。経済学でいうと、人々の行動原理をうまく扱えますから、悪用することとか、公的な目的と私的な目的の違いのようなところの説明はうまくできます。また、むしろここは経営学だと思いますが、管理会計などいろいろな分野で指標の使い方のようなことを経営学はすごく昔からやっています。経営学というのは利益を目的とする組織を主に対象にしていますが、組織とはどういうものかということを扱っていますので、経営学の知見もいろいろ使えるのではないかと思っています。

堂目　今回、内田先生が企画されたテーマは、経済学や経営学だけでなく、すべての学問の研究者が振り返って考えるべき重要なものだと思います。また、神戸大学と大阪大学だけではなく、もっと広く、様々な大学の研究者も含めて、学問の在り方だけでなく、社会課題にどう向き合うのか、その中でSDGsや万博をどう活用するのかについて対話してもよいと思います。書籍化するときにも、特に学生さんたちが、そうした意識を持てる内容にしていただければと思います。

内田　ありがとうございます。ぜひよいものにして、まず本にするというのを第一歩にしようと思いますが、それ以降もご一緒に何かできればと思っております。では、皆さん、長い間になってしまいましたが、ありがとうございました。もし何かありましたら、神戸大学V.Schoolに感想をお寄せいただければすごくありがたいと思います。それでは、ここでお開きにしたいと思います。ありがとうございました。

主要参考文献

［内田パート］

内田浩史（2021）「神戸市課題解決プロジェクト」

國部克彦・鶴田宏樹・祇園景子編『価値創造の教育 ― 神戸大学バリュースクールの挑戦』第8章、神戸大学出版会

加藤晋（2013）「社会的選択理論と民主主義」『社会科学研究』第64巻、pp.135-165.

神取道宏（2014）『ミクロ経済学の力』日本評論社

環境庁ホームページ https://www.env.go.jp/policy/j-hiroba/04-2.html（2022.12.07閲覧）

國部克彦・伊坪徳宏・水口剛（2012）『環境経営・会計（第２版）』有斐閣

齊藤誠（2015）「東日本大震災の復興予算はどのように作られたのか？」

齊藤誠編『震災と経済』（日本学術振興会 東日本大震災学術調査報告書 第４巻）第６章、東洋経済新報社

野家啓一（2015）『科学哲学への招待』ちくま学芸文庫、筑摩書房

八田達夫（1999）「マスグレイブ主義政策論」

社会資本整備の費用効果分析に係る経済学的問題研究会編『費用便益分析に係る経済学的基本問題』第１章付録

http://www3.grips.ac.jp/~kanemoto/bc/SEC1AP.PDF（2022.11.30閲覧）

Barber, B. M., A. Morse and A. Yasuda (2021) Impact Investing. *Journal of Financial Economics*, 139, pp.162-185.

Varian, H. R.（2014）*Intermediate Microeconomics: A Modern Approach* (9th edition), W. W. Norton & Co.

（佐藤隆三訳『入門ミクロ経済学』勁草書房、2015）

［堂目パート］

堂目卓生（2008）『アダム・スミス―「道徳感情論」と「国富論」の世界』中央公論新社

堂目卓生（2010）「経済学の基礎としての人間研究」『日本経済学会75年史』有斐閣

堂目卓生（2021a）「市場原理と共感―経済学が辿ってきた道」

藤山知彦編『規範としての民主主義・市場原理・科学技術―現代のリベラルアーツを考える』東京大学出版会

堂目卓生（2021b）「共生社会と資本主義」中島隆博編『人の資本主義』東京大学出版会

堂目卓生・山崎吾郎編（2022）『やっかいな問題はみんなで解く』世界思想社

Mill, J. S.（1859）*On Liberty*, London.（山岡洋一訳『自由論』光文社、2006）

Mill, J. S.（1861）Utilitarianism, *Fraser's Magazine*, October-December.

（伊原吉之助訳「功利主義論」関嘉彦編『ベンサム／J. S. ミル』中央公論社、1979）

Mill, J. S.（1873）*Autobiography*, London, Longmans.（朱牟田夏雄訳『ミル自伝』岩波文庫、1960）

Sen, A.（2006）*Identity and Violence: The Illusion of Destiny*, W. W. Norton.

（東郷えりか訳／大門毅監訳『アイデンティティと暴力―運命は幻想である』勁草書房、2011）

Sen, A.（2009）*The Idea of Justice*, Harvard University Press.（池本幸生訳『正義のアイデア』明石書店、2011）

Smith, A.（1759）*The Theory of Moral Sentiments*, London.（水田洋訳『道徳感情論』全2巻、岩波書店、2003）

Smith, A.（1776）*An Inquiry into the Nature and Causes of the Wealth of Nations*, London.

（杉山忠平訳／水田洋監訳『国富論』全4巻、岩波書店、2000-2001）

図表出典

図1　国際連合広報センターホームページ
https://www.unic.or.jp/activities/economic_social_development/sustainable_development/2030agenda/sdgs_logo/（2023.01.15閲覧）

図２—25　著者作成

図26　Gilfillan, D. and Marland, G. (2021) CDIAC-FF: Global and National CO_2 Emissions from Fossil Fuel Combustion and Cement Manufacture: 1751-2017, *Earth System Science Data*, 13, pp.1667-1680.

図27—31　著者作成

図32　内田浩史（2016）『金融』有斐閣、図２—19を著者改変

図33　Nicholls, A. and Emerson, J. (2015) Social Finance: Capitalizing Social Impact, in Nicholls, A., Paton, R., and Emerson, J. eds., *Social Finance*, Oxford University Press, pp.1-44.（Figure 0.1を著者改変）
（PLSclearを通じ、使用許諾者の許可を得て複製）

図34　田辺大・内田浩史（2022）「社会課題の可視化とセオリー・オブ・チェンジ」『国民経済雑誌』第２２６巻　pp.71-95.（図１）

図35　田辺大・内田浩史（2022）「社会課題の可視化とセオリー・オブ・チェンジ」『国民経済雑誌』第２２６巻　pp.71-95.（図３）

図36—39　著者作成

図40　内田浩史（2021）「地域金融機関の社会的インパクトに関する経済学的考察」
『国民経済雑誌』第２２４巻　pp.53-72.
図41—42　著者作成
図43—45　伊藤武志氏作成
表1　著者作成

内田浩史（うちだ・ひろふみ）

神戸大学大学院経営学研究科教授・V.School価値創発部門副部門長、博士（経済学）。専門は金融。著書に『金融』（有斐閣、2016年）等。2018年度全国銀行学術研究振興財団賞。フルブライト研究員（2003年、インディアナ大学）、安部フェロー（2016年度、スタンフォード大学）、Journal of Money, Credit, and Banking誌の編集委員等を務める。経済学の科学的アプローチとデザイン思考という両極端の視点から価値について考えている。

堂目卓生（どうめ・たくお）

大阪大学大学院経済学研究科教授、社会ソリューションイニシアティブ長。経済学博士。専門分野は経済学史、経済思想。*Political Economy of Public Finance in Britain 1767-1873*（Routledge 2004）で日経・経済図書文化賞、『アダム・スミス』（中央公論新社、2008）で、サントリー学芸賞を受賞。2019年、紫綬褒章。2018年、「命を大切にし、一人一人が輝く社会」の構想と実現を目指し、大阪大学社会ソリューションイニシアティブ（SSI）を設立。

VS Booklet 1

SDGsの時代《じだい》における価値《かち》と経済的価値《けいざいてきかち》

2023年3月31日　第1刷発行

著者　内田浩史　堂目卓生
発行　神戸大学出版会
〒657-8501　神戸市灘区六甲台町2-1
神戸大学附属図書館社会科学系図書館内
TEL. 078-803-7315　FAX. 078-803-7320
URL　https://www.org.kobe-u.ac.jp/kupress/

発売　神戸新聞総合出版センター
〒650-0044　神戸市中央区東川崎町1-5-7
TEL. 078-362-7140　FAX. 078-361-7552
URL　https://kobe-yomitai.jp/

企画・編集　神戸大学バリュースクール
装幀・組版　近藤聡（明後日デザイン制作所）
印刷　神戸新聞総合印刷

落丁・乱丁本はお取り替えいたします。

ISBN978-4-909364-22-7 C3033